JOHTAMISEN TAO

JOHN HEIDER

JOHTAMISEN TAO

 Unio Mystica

Copyright © 1985 by Humanics Limited
Atlanta, Georgia, USA

Alkuperäisteos
The Tao of Leadership

Kuvat Humanics Limitedin luvalla.

Kaikki oikeudet pidätetään.

Käännös
Harri Paasio
Tuija Turpeinen (Chanda)

Taitto ja kansi
Lauri Hautamäki

Kustantaja
Unio Mystica
PL 186 (Yrjönkatu 8)
00121 Helsinki
09-680 1657

ISBN: 978-0-89334-477-1

Painettu Karisto Oy:n kirjapainossa
Hämeenlinnassa 1998

Sisällysluettelo

Saatteeksi 8
Johdanto 9
1. Tao tarkoittaa miten 13
2. Vastakohtaisuudet 15
3. Ole oma itsesi 17
4. Tao on kaiken perusta 19
5. Tasavertaisuus 21
6. Ole kuin tyyni lähde 23
7. Epäitsekkyys 25
8. Veden kaltainen 27
9. Hyvä työyhteisö 29
10. Ennakkoluuloton johtaminen 31
11. Voimakenttä 33
12. Anna aistien levätä 35
13. Menestys 37
14. Oikeanlainen oivaltaminen 39
15. Suuret opettajat 41
16. Itsekkyyden hylkääminen 43
17. Avustaja 45
18. Puolesta ja vastaan 47
19. Itsensä kehittäminen 49
20. Ajaton viisaus 51
21. Tao ilmenee kaikessa 53
22. Luopumisen ihme 55
23. Hiljentyminen 57
24. Rauhallinen johtaja 59
25. Mitä Tao on ja mitä ei 61
26. Pidä jalat maassa 63
27. Menetelmien yläpuolelle 65
28. Soturi, parantaja ja Tao 67
29. Älä pakota 69
30. Voimankäyttö johtaa ristiriitoihin 71

31. Voimakas asioihin puuttuminen 73
32. Yhteisyys 75
33. Sisäiset voimavarat 77
34. Kaiken kattava 79
35. Yksinkertaisuus on voimaa 81
36. Kaikki ei ole sitä miltä näyttää 83
37. Keskity olennaiseen 85
38. Viisas johtajuus 87
39. Luonnollisuus voiman lähteenä 89
40. Meditaatio 91
41. Hämmentävä viisaus 93
42. Luovuus syntyy vuorovaikutuksesta 95
43. Lempeä asioihin puuttuminen 97
44. Isäntä vai renki? 99
45. Naurettavan yksinkertaista 101
46. Ei ole voittajia eikä häviäjiä 103
47. Tässä ja nyt 105
48. Selkeytä mielesi 107
49. Kohtaa kaikki avoimesti 109
50. Elämä ja kuolema 111
51. Tao ja tapahtumien kulku 113
52. Luomakunnan kehto 115
53. Materialismi 117
54. Hedelmällinen vaikutus 119
55. Elinvoima 121
56. Lahjomaton johtaja 123
57. Vähemmän tekoja, enemmän tietoisuutta 125
58. Tapahtumien luonnollinen kulku 127
59. Voimasi on tietoisuudessa 129
60. Älä painosta 131
61. Vastaanottavaisuus 133
62. Tietoinen tai ei 135
63. Tilanteiden kohtaaminen 137
64. Tietoisena alusta asti 139

65. Teoria ja käytäntö 141
66. Avoimuus 143
67. Kolme tärkeää ominaisuutta 145
68. Elämä on mahdollisuus 147
69. Tietoisuus voittaa 149
70. Ei mitään uutta auringon alla 151
71. Lopeta teeskentely 153
72. Henkisyyden tärkeys 155
73. Vapaus ja vastuu 157
74. Tuomitseminen 159
75. Ahneuden yläpuolella 161
76. Joustava vai jäykkä? 163
77. Luonnon kiertokulku 165
78. Vahva ja pehmeä 167
79. Vetäydy taitavasti 169
80. Yksinkertainen elämä 171
81. Palkkio 173

Saatteeksi

Olen tässä suomennoksessa käyttänyt tietoisesti termiä meditaatio, jonka merkitys ei välttämättä ole tuttu niille lukijoille, jotka eivät ole harrastaneet meditaatiota tai vaikkapa "kiinalaista aamuvoimistelua" taiji'tä.

Meditaatiosta käytetään usein sanaa mietiskely. Se ei kuitenkaan anna mielestäni riittävää kuvaa meditaation luonteesta. Kun sanomme mietiskelevämme, tarkoitamme useimmiten sitä, että pohdiskelemme tai mietimme asioita tai ongelmia aktiivisesti löytääksemme ratkaisun. Toisin sanoen mietiskely on meidän kielenkäytössämme mielessä tapahtuvaa ajatustoimintaa.

Meditaatiossa pyritään oikeastaan täysin vastakkaiseen mielentilaan eli tyhjentämään mieli häiritsevistä ajatuksista. Tavoitteena on kokea syvällinen yhteenkuuluvuus koko luomakunnan ja maailmankaikkeuden kanssa. Meditaatio on hiljentymistä ja hiljaisuutta. Meditaatiomenetelmiä on lukemattomia. Niissä käytetään hyväksi esimerkiksi hengityksen seuraamista, hiljaa mielessä laskemista tai niin sanotun mantran, keskittymistä helpottavan sanan, toistamista. Tekniikat eivät kuitenkaan ole olennaisia, meditoida voi vaikkapa keskittymällä katselemaan ongenkohoa järven pinnalla.

Meditatiivista matkaa!

Harri Paasio

Johdanto

Lao Tzun[1] Tao Te Ching on yksi Kiinan rakastetuimmista elämänviisauden kirjoista. Se on alunperin tarkoitettu viidennellä vuosisadalla ennen ajanlaskumme alkua eläneille tietäjille ja viisaille poliittisille johtajille. Meille se on eräs maailmankirjallisuuden klassikoista. Monet Lao Tzun sanonnat ovat meille tuttuja.

Opettajana olen huomannut, että Tao Te Ching on korvaamaton oppikirja ryhmän ohjaajille, psykoterapeuteille ja eri alojen kouluttajille. Opiskelijat pitävät siitä. Se on yksinkertainen ja järkevä. Kuitenkin vielä tärkeämpää on se, että Tao Te Ching yhdistää uskottavasti johtamistaidon ja johtajan elämäntavan: työmme on polkumme.

Oma menestykseni Taon käytössä johti minut näkemään sen laajemmat sovellutusmahdollisuudet erityisesti nuoren sukupolven kohdalla, jota kiehtoo johtajan rooli sekä inhimillisten voimavarojen taitava käyttö. Uskoakseni tästä sovellutuksesta on hyötyä kaikille, jotka ovat johtavassa asemassa vaikkapa koulutuksen, liike-elämän, politiikan, armeijan tai hallinnon piirissä.

Tao Te Ching merkitsee kirjaa (Ching) siitä, miten (Tao) kaikki tapahtuu, toimii (Te).

Kirjassa käsitellään kolmea aihetta:
1. Luonnon lakia eli sitä, miten kaikki tapahtuu.
2. Elämäntapaa eli sitä, miten elää tietoisessa tasapainossa luonnon lain kanssa.
3. Johtamismenetelmää eli sitä, miten hallita tai opettaa muita luonnon lain mukaisesti.

Lao Tzun teos, kuten aiemmin mainittiin, tarkoitettiin alunperin muinaisen Kiinan viisaille poliittisille johtajille. En itse osaa kiinan kieltä. Kirjoitin kuitenkin tämän sovellutuksen vertailemalla monia eri käännöksiä, kunnes sain sovitettua niiden ilmeiset vastakohtaisuudet vähitellen yhteen ja ne alkoivat tuntua minusta järkeviltä. Tämän jälkeen luin joitakin käännöksiä oppilailleni. Jälkeenpäin kerroin heille mitä kukin ote merkitsi minulle ja kuinka se soveltuu erityisesti ryhmän ohjaajalle ja yleisemmin kenelle tahansa, joka haluaa käyttää elämän tarjoamat mahdollisuudet täysipainoisemmin hyväkseen.

Tämä sovellutus Taosta syntyi siis puhutun kielen pohjalta. Mielestäni sanat ja niiden merkitykset kirkastuvat ääneen luettaessa. Kokeile. Ääneen lukeminen on hyödyllinen tapa.

Melkein kaikissa Tao Te Chingin eri versioissa, myös niissä, jotka on mainittu kirjallisuusluettelossa, käytetään samaa kappaleiden numerointia, jota olen käyttänyt tässä kirjassa. Tämä helpottaa eri versioiden vertailua.

John Heider
Coconut Grove, Florida

Kiitokset

Sydämellisimmät kiitokseni monille lukijoille, kuulijoille ja toimittajille, joiden kommentit ja korjaukset ovat saattaneet tämän kirjan lopulliseen muotoonsa.

Erityiskiitokset Tomm Connille siitä, että hän esitteli Johtamisen Taon Humanics Limitedin Gary Wilsonille.

Omistan tämän kirjan Mendocinon Human Potential Schoolin tiedekunnalle, henkilökunnalle ja ystäville.

---

[1] Tutkijat ovat pitkään kiistelleet siitä, onko Lao Tzu ollut todellinen henkilö. Toiset ovat sitä mieltä, että hän on todella 500–600 luvuilla ennen ajanlaskumme alkua elänyt filosofi ja opettaja, toiset taas sitä mieltä, että Lao Tzu ja Tao Te Ching ovat useamman henkilön laatima taolaisten viisauksien kokoelma, joka lienee syntynyt kolmannella vuosisadalla ennen ajanlaskumme alkua. Oli niin tai näin, se ei muuta tai vähennä Tao Te Chingin arvoa. (suom.huom.)

1. TAO TARKOITTAA MITEN

Tao tarkoittaa sitä, mikä on luonnollisesti oikein. Sitä, miten kaikki toimii, miten kaikki tapahtuu. Luomakunnassa kaikki toimii Taon periaatteen mukaisesti.

Tao on yhtä kuin jumaluus.

Taoa ei voi määritellä, koska se on kaikkialla. Emme voi määritellä jotakin siitä itsestään käsin.

Se, minkä voi määritellä, ei ole Tao.

Tao itse on pysyvä periaate. Sitä vastoin luomakunta on jatkuvassa muutoksessa. Siinä kaikki: pysyvä periaate ja jatkuva muutos, miten ja mitä.

Tao ilmenee koko luomakunnassa. Asia on luonnostaan niin.

Taoa ei voi määritellä, mutta Taon voi tuntea meditaatiossa tai olemalla tietoinen tässä hetkessä.

Tietoisuus auttaa meitä ymmärtämään mitä Tao on. Voimme alkaa vaistota Taon todellisen olemuksen.

Jotta voisimme olla tietoisia tapahtumien kulusta, meidän täytyy tehdä havaintoja avoimin mielin.

Meidän on unohdettava ennakkoluulomme. Ennakkoluuloiset ihmiset näkevät vain sen, mikä sopii heidän käsityksiinsä.

Meditaatio toimii sen vuoksi, että kaikki tapahtuu sopusoinnussa Taon kanssa. Kaikki tapahtumat ilmentävät taustallaan olevaa pysyvää periaatetta. Sen vuoksi voimme kokea kaikessa Taon ja tuntea kaikessa jumaluuden.

Tuntemalla Taon tiedämme kuinka tapahtumat kehittyvät luonnollisesti.

2. VASTAKOHTAISUUDET

Kaikki tekomme koostuvat vastakohtaisuuksista. Jos teen jotakin yhä uudelleen, kerran toisensa jälkeen, näyttäytyy sen vastakohta ennen pitkää.

Jos ihminen esimerkiksi ponnistelee kovasti ollakseen kaunis, hänestä tuleekin ruma. Ylenpalttinen ystävällisyys on merkki itsekkyydestä.

Kaikki yliampuva käyttäytyminen synnyttää vastakohtansa:
o Elämään takertuminen sisältää kuolemanpelon.
o Ei ole helppoa tehdä jotain todella yksinkertaisesti.
o Onko viime tapaamisestamme kauan vai vähän aikaa?
o Kerskailija on todennäköisesti sisimmässään pieni ja epävarma.
o Joka yrittää olla ensimmäinen, jää viimeiseksi.

Viisas johtaja tietää kuinka vastakohtaisuudet toimivat, siksi hän ei yritä väkisin saada mitään tapahtumaan. Hän antaa asioiden kehittyä omalla painollaan.

Johtaja opettaa mieluummin esimerkin avulla kuin luentoja pitämällä.

Johtaja tietää, että jatkuva asioihin puuttuminen estää ihmisiä toimimasta. Johtaja ei vaadi, että asioiden tulee tapahtua tietyllä tavalla.

Viisaalle johtajalle raha ja kehut eivät ole tärkeitä. Kuitenkin hän saa niitä runsain mitoin.

3. OLE OMA ITSESI

Viisas johtaja ei tekeydy paremmaksi kuin on. Hän ei jaa arvosanoja hyvästä esityksestä, koska se luo onnistumisen ja epäonnistumisen ilmapiirin, josta seuraa kilpailua ja kateutta.

Aineellisen menestyksen korostaminen johtaa samaan: niistä, joilla on paljon, tulee ahneita. Niistä, joilla on vähän, tulee varkaita.

Jos arvostat vain sitä, miltä asiat näyttävät, ihmiset alkavat mielistellä sinua.

Viisas johtaja kunnioittaa kaikenlaista käyttäytymistä. Sen ansiosta ihmiset ovat avoimia toimimaan monin eri tavoin. Ihmiset oppivat paljon, kun he ovat avoimia kaikelle, eivätkä mieti sitä, mikä miellyttää johtajaa.

Johtaja osoittaa, että tyyli ei korvaa sisältöä. Asiatietojen hallitseminen ei ole tehokkaampaa kuin yksinkertainen viisaus. Vaikutuksen tekeminen ei ole tärkeämpää kuin omana itsenään oleminen.

Ihmiset oppivat, että tehokkuus kasvaa hiljaisuudesta ja itsetuntemuksesta. He oivaltavat, että ihminen, jolla on jalat maassa, voi toimia tehokkaammin kuin ihminen, joka on aina kiireinen.

4. TAO ON KAIKEN PERUSTA

Vaikka kuinka etsisimme, emme löydä mitään, mitä voisimme kutsua Taoksi tai Jumalaksi. Tao ei ole mitään aineellista. Se on pysyvä lainalaisuus. Tao ohjaa kaikkea toimintaa. Kaikki mukautuu Taoon, mutta Tao ei mukaudu mihinkään. Tao ei ole ainetta eikä liikettä.

Tao on kaiken perusta, se on kaiken taustalla oleva lainalaisuus. Tao on koko luomakunnan yhteinen perusta.

Luomakunta koostuu aineesta ja tapahtumista. Kaikella on oma sisäinen jännitteensä. Tuo jännite muodostuu vastakohtaisuuksista. Vastakohtaisuudet voivat täydentää toisiaan tai olla keskenään ristiriidassa.

Kaikki asiat ja tapahtumat, olivatpa ne sitten toisiaan täydentäviä tai toisilleen vastakkaisia, tasapainossa tai ristiriidassa keskenään, syntyvät ja katoavat Taon periaatteen mukaisesti.

Taossa ei ole jännitteitä eikä vastakohtaisuuksia. Tao on ykseys.

Tietääkseni mitään ei ole ollut ennen Taoa, eikä mikään ole luonut sitä. Mikään ei ole luonut jumaluutta.

5. TASAVERTAISUUS

Luonnon laki on oikeudenmukainen. Käyttäytymisemme seuraukset ovat väistämättömiä, eikä ihminen ole tästä mikään poikkeus.

Viisas johtaja ei yritä suojella ihmisiä heiltä itseltään. Tietoisuuden valo loistaa samanarvoisesti niin kaiken miellyttävän kuin epämiellyttävänkin ylle.

Ihminen ei ole muuta luomakuntaa parempi. Sama periaate koskee kaikkia luotuja.

Kukaan ihminen ei ole toistaan parempi. Sama periaate pätee kaikkialla. Kaikki ovat tasa-arvoisia. Miksi suosia ketään?

Kaikki ilmentää Taon periaatetta. Se, että jumaluutta ei voi järjellä ymmärtää, ei tarkoita sitä, että jumaluutta ei ole olemassa. Tämän ymmärtämiseen tarvitsemme hiukan nöyryyttä.

Johtaja, joka tietää tämän, ei yritä olla mitenkään erikoinen. Hän ei juoruile muista eikä kiihkoile kilpailevien toimintatapojen paremmuudesta.

Hiljaisuudessa piilee valtaisa voima.

6. OLE KUIN TYYNI LÄHDE

Voitko oppia olemaan avoin ja vastaanottavainen, hiljentymään haluamatta mitään tai tuntematta tarvetta tehdä jotakin?

Avoimuutta ja vastaanottavaisuutta kutsutaan jiniksi tai feminiiniseksi.

Kuvittele tyyntä lähdettä. Kun pelot tai halut eivät riko lähteen pintaa, se kuvastaa kaiken täydellisesti.

Voit nähdä siinä heijastuksen Taosta. Voit nähdä siinä jumaluuden ja koko luomakunnan.

Mene lähteelle niin usein kuin haluat ja hiljenny katselemaan sitä. Näin hiljaisuutesi syvenee. Lähde ei koskaan kuivu.

Lähde, sen tyyni pinta ja Tao ovat kaikki sisälläsi.

7. EPÄITSEKKYYS

Todellinen itsetutkiskelu opettaa epäitsekkyyttä.
Taivas ja maa ovat ikuisia koska ne eivät tunne itsekkyyttä, vaan ne ovat olemassa koko luomakuntaa varten.

Koska viisas johtaja tietää tämän, hän pitää itsekeskeisyytensä kurissa. Niinpä hänestä tulee entistäkin tehokkaampi.

Tietoinen johtaja haluaa palvella, ei olla itsekäs. Hän kehittyy ja kasvaa henkisesti, kun hän asettaa muiden hyvinvoinnin oman etunsa edelle.

Epäitsekkäästä johtajasta tulee arvostettu ja kunnioitettu.

8. VEDEN KALTAINEN

Viisas johtaja on veden kaltainen.
Ajattele vettä: vesi puhdistaa ja virkistää yhtä lailla kaikkia luotuja. Vesi tunkeutuu vapaasti ja pelotta pinnan alle, vesi on soljuvaa ja mukautuvaista, se noudattaa vapaasti Taon lakia.

Ajattele johtajaa. Hän työskentelee valittamatta kaikissa tilanteissa kaikkien vastaantulevien asioiden ja ihmisten kanssa. Johtaja toimii siten, että kaikki hyötyvät. Hän palvelee kaikkia hyvin riippumatta palkkion suuruudesta. Johtaja puhuu yksinkertaisesti ja rehellisesti. Hän puuttuu asioihin vain lisätäkseen ymmärrystä ja luodakseen sopusointua.

Vesi on opettanut johtajalle, että toiminnassa ajoitus on kaikkein tärkeintä.

Johtaja on veden lailla mukautuvainen. Koska hän ei painosta, ihmiset eivät ärsyynny eivätkä asetu vastarintaan.

9. HYVÄ TYÖYHTEISÖ

Hyvä työyhteisö on parempi kuin näyttävä työyhteisö. Kun johtajista tulee kuuluisuuksia, itse opetus jää opettajan varjoon.

Harvoilla kuuluisuuksilla on jalat maassa. Kuuluisuus ruokkii itseään ja ennen pitkää kuuluisuudet joutuvat itsensä lumoihin. He kadottavat oman itsensä ja hajoavat henkisesti.

Viisas johtaja järjestää edellytykset hyvälle työskentelylle ja luovuttaa tämän jälkeen näyttämön muille. Johtaja ei pidä kaikkea tapahtunutta omana ansionaan, eikä janoa kuuluisuutta.

Maltillisuus on viisautta.

10. ENNAKKOLUULOTON JOHTAMINEN

Pystytkö toimimaan välittäjänä tunneperäisissä kiistoissa puolueettomasti ja ilman, että alat suosia jotakuta?

Voitko hengittää vapaasti ja olla rento silloinkin kun ilmassa on voimakkaita pelkoja tai haluja?

Oletko ratkaissut omat sisäiset ristiriitasi? Onko oma olemuksesi selkeä?

Osaatko suhtautua kiihkottomasti erilaisiin mielipiteisiin ja johtaa ihmisiä yrittämättä hallita heitä?

Pystytkö olemaan avoin ja vastaanottavainen riippumatta kiistojen aiheista?

Pystytkö säilyttämään mielenrauhasi silloinkin kun tiedät mitä on odotettavissa ja sallia sen, että muut etsivät vielä ratkaisua itsekseen?

Opi johtamaan kannustavalla tavalla.
Opi johtamaan niin, ettet ole omistushaluinen.
Opi olemaan avulias niin, ettet ole omahyväinen.
Opi johtamaan käyttämättä pakkoa.

Onnistut tässä, jos pystyt olemaan ennakkoluuloton, pitämään mielesi selkeänä ja jalat maassa.

11. VOIMAKENTTÄ

Kiinnitä huomiota hiljaisuuteen. Mitä työyhteisössä tapahtuu, kun siinä ei näytä tapahtuvan mitään? Kyse on ihmisten muodostamasta voimakentästä.

Kolmetoista ihmistä istuu ympyrässä, mutta ryhmän keskustan ilmapiiri tai henki, se missä ei tapahdu mitään, määrittää ryhmän voimakentän.

Opi kokemaan tyhjyys. Kun astut sisään tyhjään huoneeseen, voitko tuntea sen ilmapiirin? Tästä on kyse myös maljakossa tai ruukussa; opi näkemään niiden sisällä oleva tyhjä tila. Se tekee maljakosta tai ruukusta käyttökelpoisen.

Ihmisten puheet ja toiminta luovat työyhteisölle hahmon ja työskentelylle sisällön. Toisaalta hiljaiset hetket, jolloin mitään ei tapahdu, paljastavat työyhteisön todellisen mielialan, ne antavat sisällön kaikelle toiminnalle. Kyse on ihmisten yhdessä muodostamasta voimakentästä.

12. ANNA AISTIEN LEVÄTÄ

Taukoamaton tunteiden ja tapahtumien vyöry peittää alleen tietoisuuden. Liika meteli turruttaa aistit. Jatkuva uusien virikkeiden virta hämärtää aidon oivaltamisen.

Älä yritä korvata oppimista pelkillä ärsykkeillä.

Varaa säännöllisesti aikaa hiljaiseen pohdiskeluun. Käänny sisäänpäin ja sulattele tapahtunutta. Anna aistien levätä ja vahvistua.

Opeta ihmisiä irtautumaan pinnallisesta jutustelusta ja pakkomielteistä. Opeta heitä kiinnittämään huomiota koko kehonsa reaktioihin eri tilanteissa.

Kun ihmisillä on aikaa mietiskellä, he voivat nähdä selvemmin mikä on olennaista heissä itsessään ja muissa.

13. MENESTYS

Mikäli mittaamme menestystämme sen mukaan, kehutaanko vai arvostellaanko meitä, ahdistuksemme on loputon.

Työn kautta saavutettu maine tai kuuluisuus voivat muodostua esteeksi kehitykselle.

Kuuluisuus on yhtä vaativaa kuin todellinen itsestään huolehtiminen.

Mitä vikaa on kehumisessa tai arvostelemisessa?

Mikäli ihmiset osoittavat suosiotaan kerran ja olemme siitä hyvillämme, alamme miettiä, saammeko yhtä paljon suosiota taas seuraavalla kerralla. Jos he taas arvostelevat meitä, väittävät vastaan tai valittavat, tunnemme itsemme loukatuiksi. Kummassakin tapauksessa tunnemme ahdistusta ja olemme riippuvaisia.

Miten maineesta voi tulla este?

Maine seuraa luonnollisesti hyvin tehtyä työtä. Mutta jos alamme palvoa ja ylläpitää mainettamme, menetämme vapautemme ja rehellisyytemme, jotka ovat välttämättömiä kehityksellemme.

Miten kuuluisuutta voi verrata itsestään huolehtimiseen?

Jotta pystyisimme työskentelemään hyvin, meidän on pidettävä huolta itsestämme. Meidän täytyy arvostaa itseämme ja antaa myös muiden arvostaa meitä. Mutta jos luulemme liikoja itsestämme, meistä tulee itsekeskeisiä. Itsekeskeisyys vahingoittaa sekä meitä itseämme että työtämme.

Mikäli osaamme suhtautua oikein menestyksen hedelmiin ja pitää aidosti huolta itsestämme, pystymme myös auttamaan muita ihmisiä menestymään.

14. OIKEANLAINEN OIVALTAMINEN

Älä yritä väkisin ymmärtää mitä ympärilläsi tapahtuu. Pysähdy ja katso lempeästi sisäisin silmin.

Kun et ymmärrä mitä joku sanoo, älä takerru hänen sanoihinsa. Lopeta ponnistelu. Hiljenny kuuntelemaan sisintäsi.

Kun olet ymmälläsi näkemästäsi tai kuulemastasi, älä yritä väkisin selvittää tilannetta. Pysähdy hetkeksi ja rauhoitu. Kun ihminen on levollinen, monimutkaisetkin ongelmat näyttävät yksinkertaisilta.

Jotta voisit tajuta tapahtumien kulun, yritä vähemmän, avaudu ja ole tietoinen. Herkistä aistejasi. Kuuntele hiljaa. Luota vaistoosi ja mietiskelyn voimaan. Älä yritä väenväkisin selvittää asioita.

Mitä enemmän luovut yrittämisestä ja mitä avoimemmaksi ja vastaanottavaisemmaksi tulet, sitä helpommin ymmärrät tapahtumia.

Pysy nykyhetkessä. Nykyhetki on todellisempi kuin menneen muistelu tai kuvitelmat tulevaisuudesta.

Keskity siis nykyhetkeen.

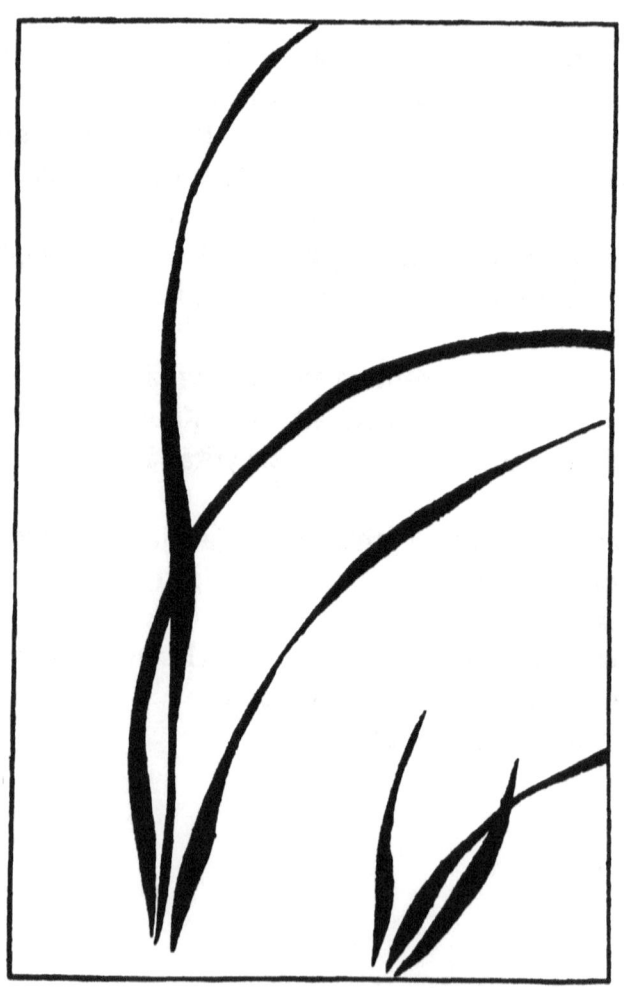

15. SUURET OPETTAJAT

He harjoittivat meditaatiota. Meditaatio auttoi heitä näkemään miten asiat ovat. Se yhdisti heidät maailmankaikkeuteen. Siksi he joskus vaikuttivat syvämietteisiltä ja arvoituksellisilta, joskus jopa ylhäisiltä.

Heidän johtamistapansa ei perustunut tiukkoihin sääntöihin tai suuriin eleisiin vaan hiljaisuuden ymmärtämiseen.

Heistä säteili suopeutta ja tietoisuutta. He pystyivät ratkaisemaan mutkikkaatkin tilanteet rauhallisesti neuvottelemalla.

He olivat harkitsevaisia. He eivät koskaan loukanneet ketään. He olivat kohteliaita ja rauhallisia. He osasivat joustaa ja olivat luonnollisia, eivätkä herättäneet turhaa huomiota.

He olivat avoimia ja vastaanottavaisia.

He osasivat selkeyttää tapahtumia muille, koska he olivat selvittäneet ne itselleen. Heidän sanansa koskettivat ihmisten sisintä, koska he tunsivat omat syvimmät ristiriitansa ja estonsa.

Koska he olivat epäitsekkäitä, he pystyivät kannustamaan muita.

He eivät yrittäneet näyttää valaistuneilta koska he olivat jo sitä.

16. ITSEKKYYDEN HYLKÄÄMINEN

Jotta voisit tulla aidommaksi, hylkää itsekkyys. Luovu ponnisteluistasi tulla erehtymättömäksi, rikkaaksi tai ihailluksi. Sellaiset ponnistelut vain rajoittavat sinua. Ne estävät sinua ymmärtämästä sisintä olemustasi.

Luopuminen on kuoleman kaltaista. Kaikki syntyy, saa muodon ja kuolee. Niin myös me. Kuolemassa itsekkyys häviää. Yhdymme suureen kokonaisuuteen.

Syvällä sisimmässämme tiedämme joka tapauksessa, että olemme yhtä. Koko luomakunta on yksi kokonaisuus, joka toimii Taon periaatteen mukaan.

Luovun itsekkyydestäni ja erillisyyden harhakuvitelmastani. Toimin kokonaisuuden hyväksi. Toimin itseni ja muiden parhaaksi. En ole riidoissa kenenkään kanssa. Tunnen mielenrauhaa ja minulla on paljon energiaa, koska en vastusta tapahtumien kulkua.

En pelkää kuolemaa, koska tiedän mitä luopuminen on ja tunnen ikuisuuden olemuksen.

17. AVUSTAJA

Viisas johtaja ei puutu asioihin tarpeettomasti. Hän on läsnä, mutta useimmiten ihmiset ohjaavat itse itseään.

Mitättömät johtajat touhuavat ja puhuvat paljon. Heillä on jäljittelijöitä ja he haluavat, että asiat tehdään aina tietyn kaavan mukaan.

Vielä kehnommat johtajat käyttävät pelkoa aseenaan saadakseen ihmisiin liikettä. He turvautuvat pakkokeinoihin voittaakseen vastustuksen.

Vain kaikkein pelätyimmillä johtajilla on huono maine.

Muista, että tehtäväsi on helpottaa toisen ihmisen toimintaa. Kyse ei ole sinun toiminnastasi. Älä tunkeile. Älä yritä hallita. Älä aseta omia tarpeitasi ja näkemyksiäsi etusijalle.

Jos et luota siihen, miten toinen ihminen haluaa toimia, hän ei luota sinuun.

Kuvittele ikään kuin avustavasi jonkun toisen syntymää. Tarjoa apuasi eleettömästi ja hienovaraisesti. Helpota tapahtumien kulkua, älä yritä saada niitä menemään mielesi mukaan. Mikäli sinun on otettava ohjat käsiisi, tee se aivan kuin auttaisit synnyttäjää. Sinä olet valmiina auttamaan, mutta hän on vapaa ja vastuussa tapahtumista.

Kun lapsi syntyy, äiti voi sanoa: "Me teimme sen!"

18. PUOLESTA JA VASTAAN

Pysy tietoisena Taon periaatteesta, siitä miten kaikki toimii.
Kun ihmiset kadottavat tämän periaatteen ja lakkaavat toimimasta tietoisesti, he juuttuvat älylliseen pohdiskeluun siitä, mitä olisi pitänyt tapahtua, miten tämä tai tuo menettelytapa olisi toiminut. Pian ihmisistä tulee riitaisia ja alavireisiä.

Heti kun poikkeamme aidon tietoisuuden polulta, lankeamme viisastelun, kilpailun ja matkimisen loukkuun.

Kun ihminen unohtaa, että koko luomakunta on yhtä, muodostuvat pienemmät yhteisöt kuten perhe, suku ja työyhteisö hänelle tärkeämmiksi.

Kun tietoisuus yhteenkuuluvuudesta kadotetaan, etusijalle nousevat kansalliset, rodulliset, yhteiskunnalliset ja sukupuolten väliset erot. Ihmiset alkavat olla jonkin puolesta jotakin vastaan.

19. ITSENSÄ KEHITTÄMINEN

Unohda kaikki nokkelat menetelmät ja itsensäkehittämisohjelmat. Silloin kaikki voivat paljon paremmin.

Älä lupaa parantaa ihmisiä tai tehdä heidän elämästään mukavampaa, oikeudenmukaisempaa tai inhimillisempää. Älä kannusta ketään itsekkyyteen menetelmin, jotka opettavat kuinka tullaan rikkaiksi, vaikutusvaltaisiksi, seksikkäiksi – toisin sanoen ahneiksi, vainoharhaisiksi ja vallanhimoisiksi.

Kukaan ei voi tehdä sinusta onnellista, varakasta, tervettä tai vaikutusvaltaista. Mitkään säännöt tai menetelmät eivät voi taata niitä.

Jos haluat kehittää itseäsi, kokeile hiljentymistä tai jotakin muuta menetelmää, joka rauhoittaa mieltä. Siten voit vähitellen löytää todellisen olemuksesi.

20. AJATON VIISAUS

Meidän tehtävämme on helpottaa tapahtumien kulkua ja selvittää ristiriitoja. Tätä kykyä ei takaa muodollinen koulutus vaan terve järki ja ajaton viisaus.

Korkeasti koulutetuilla johtajilla on taipumus toimia kaavamaisesti. On paljon parempi reagoida siihen mitä tapahtuu juuri nyt.

Varmista, että perinteinen viisaus on oman toimintasi ohjenuora. Kunnioita kaikkien uskontojen yhteistä viisautta.

Suurin osa ihmisistä toimii tyydyttääkseen omat halunsa. He luulevat, että maailma on olemassa heitä varten. Mutta viisas johtaja on muiden käytettävissä. Hänellä ei juurikaan ole mielihaluja eikä hän ole puolustuskannalla.

Useimpia ihmisiä piinaavat loputtomat halut. Viisas johtaja ei vaadi paljon. Useimmat ihmiset elävät kiireistä elämää. Viisas johtaja on rauhallinen ja mietiskelevä. Monet ihmiset etsivät virikkeitä ja uutuuksia. Viisas johtaja arvostaa tavanomaisuutta ja luonnollisuutta.

Tyytyväinen ihminen elää yksinkertaisesti ja luonnollisesti. Kaikki luonnollinen on lähellä Taoa.

Tämä on ajatonta viisautta.

21. TAO ILMENEE KAIKESSA

Todellinen voima kumpuaa luonnon lain noudattamisesta. Mikään ei korvaa tietoisuutta tapahtumien kulusta.

Kaikki on tämän periaatteen alaista. Tao on kaiken takana oleva suunnitelma.

Oikea voima pohjautuu Taon periaatteeseen, tiedostimmepa sitä tai emme.

Taon periaate ilmenee kaikkialla joka hetki.

Syntymä, kasvu ja kuolema noudattavat aina tätä yhtä olemassaolon sääntöä.

Uutta luonnollisestikin syntyy ajan mittaan, mutta sekin tapahtuu Taon periaatteen mukaisesti.

Mistä tiedämme, että Tao ilmenee kaikessa?

Sitä ei pysty selittämään järjellä. Voimme tuntea sen hiljaisuudessa ja jumalallisessa hyvyydessä.

22. LUOPUMISEN IHME

Kun luovun siitä mitä olen, tulen siksi mitä voisin olla.
Kun luovun siitä, mitä minulla on, saan mitä tarvitsen.

Nämä ovat feminiinisiä tai jinin vastakohtaisuuksia:
- Kun olen joustava, olen kestävä.
- Tyhjä tila täyttyy.
- Antamalla saan enemmän.
- Kun tunnen itseni täysin särkyneeksi, alan eheytyä.
- Kun en halua mitään, saan paljon.

Oletko koskaan ponnistellut saadaksesi työtä tai rakkautta ja lopulta antanut periksi? Yhtäkkiä sekä työ että rakkaus ovat tulleet osaksesi.

Haluatko olla vapaa ja riippumaton? Mukaudu Taon periaatteeseen, sillä kaikki tapahtuu kuitenkin sen mukaisesti.

Kun emme enää yritä tehdä vaikutusta ihmisiin, pystymme todella vaikuttamaan heihin. Mutta jos vain yritämme luoda itsestämme edustavan vaikutelman, ihmiset vaistoavat sen.

Onnistun parhaiten työssäni kun unohdan oman näkökantani. Mitä vähemmän yritän olla jotakin, sitä enemmän olen.

Kun otan huomioon ihmisten toivomukset, en kohtaa vastustusta.

Tämä on jinin viisautta: luopumalla saamme. Viisas johtaja tekee näin.

23. HILJENTYMINEN

Viisas johtaja puhuu harvakseltaan ja lyhyesti. Luonnossa kaikki laantuu aikanaan. Sade lakkaa. Ukkonen taukoaa.
Johtaja vaikuttaa enemmän olemuksellaan kuin tekemisillään. Hiljaisuus vakuuttaa enemmän kuin pitkät puheet.
Hiljenny. Seuraa sisäistä viisauttasi. Jotta oppisit tuntemaan sisäisen viisautesi, sinun on tunnettava hiljaisuus.
Johtaja joka tietää miten hiljentyä ja tuntea syvästi, saa todennäköisesti paljon aikaan. Sen sijaan johtaja, joka jutustelee ja kehuskelee ja yrittää tehdä vaikutuksen ihmisiin, ei ole oma itsensä. Hänellä ei ole juurikaan painoarvoa.
Tao toimii niiden hyväksi, jotka seuraavat sitä. Jumaluus palvelee niitä, jotka palvelevat jumaluutta. Kun tunnet Taon periaatteen, voit toimia sen kanssa yhteistyössä.
Mikäli toimit Taon periaatteen mukaisesti, olet tehokas. Mutta jos olet itsekeskeinen tai yrität tehdä vaikutuksen, et toimi kenenkään parhaaksi, etkä myöskään anna hyvää vaikutelmaa itsestäsi.
Muista, että tietoisuus tapahtumien kulusta on tärkeintä. Mietiskele. Hiljenny.
Mitä tunnet syvällä sisimmässäsi?

24. RAUHALLINEN JOHTAJA

Liian kova yrittäminen johtaa tuloksiin, jotka eivät vastaa odotuksia:

- o Ylimielinen johtaja ei ole tasapainossa itsensä kanssa.
- o Asioiden kiirehtiminen ei johda mihinkään.
- o Tietoinen ihminen ei tekeydy älyköksi.
- o Epävarmat johtajat yrittävät tekeytyä pätevämmiksi kuin ovat.
- o Kyvyttömät johtajat linnoittautuvat asemiinsa.
- o Ei ole kovin ylevää julistaa omaa erinomaisuuttaan.

Kaikki edellä mainittu pohjautuu epävarmuuteen ja ruokkii sitä. Mikään niistä ei johda hyviin tuloksiin, eikä edistä johtajan hyvinvointia.

Johtaja, joka ymmärtää tapahtumien kulun, ei lankea tällaiseen.

Pohdi seuraavaa:
Jumalaanko vertaat itseäsi jos kerran luulet olevasi niin erinomainen? Vai oletko vain epävarma?

Janoatko kuuluisuutta? Kuuluisuus tekee elämäsi ja työsi monimutkaiseksi.

Onko kyse rahasta? Tuhlaat aikaasi yrittäessäsi rikastua.

Kaikenlainen itsekeskeisyys peittää todellisen olemuksesi ja hämärtää asioiden oikean laidan.

25. MITÄ TAO ON JA MITÄ EI

ätä Tao ei ole:

- Tao ei ole ainetta.
- Tao ei ole ääntä eikä mitään muuta värähtelyä.
- Tao ei ole jaettavissa osiin.
- Tao ei muutu.
- Taosta ei voi ottaa mitään pois eikä siihen voi lisätä mitään.
- Taoa ei voi verrata mihinkään eikä sitä voi korvata millään.

Tätä Tao on:
- Tao on yksi; se on ykseys.
- Tao hallitsee kaikkea.
- Tao on kaiken alku ja juuri.
- Tao on kaiken perustana oleva lainalaisuus.

Mielestäni selkein ja ymmärrettävin sana, joka kuvaa Taoa on *miten*, koska Tao on kaiken taustalla oleva periaate.

Muista, että koska Taolla ei ole muotoa eikä kuvattavia ominaisuuksia, se on kaikkialla, koko ajan, ikuisesti.

Kuvittele, että ikuisuudella on neljä tasoa. Ihminen on omalla tavallaan ikuinen, maa on ikuinen, avaruus on ikuinen, Tao on ikuinen.

Ihminen on riippuvainen maasta. Maa on riippuvainen avaruudesta. Avaruus on riippuvainen Taosta.

Vain Tao ei ole riippuvainen mistään.

26. PIDÄ JALAT MAASSA

Johtaja, joka on tasapainossa itsensä kanssa ja joka osaa pitää jalat maassa, pystyy työskentelemään myös hankalien ihmisten kanssa ja vaikeissakin olosuhteissa.

Oman keskuksensa tiedostaminen tarkoittaa kykyä säilyttää tasapainonsa jopa keskellä kiihkeintä toimintaa. Keskuksensa tiedostava ihminen ei toimi päähänpistojensa ja äkillisten mielihalujensa mukaan.

Kun seisot tukevasti jalat maassa, tiedät missä seisot ja minkä puolesta.

Oman keskuksensa tiedostava ja omilla jaloillaan seisova johtaja on vakaa. Hän tuntee itsensä.

Ihminen, joka ei ole vakaa, voi helposti hukkua johtamisen melskeeseen, tehdä vääriä johtopäätöksiä ja jopa sairastua.

27. MENETELMIEN YLÄPUOLELLE

Kokeneen matkaajan ei tarvitse mennä pakettimatkalle matkatakseen turvallisesti.
Hyvä poliittinen puhe ei lupaa liikoja, eikä se yllytä vastarintaan.
Jokaisen ongelman rakaisemiseen ei tarvita tietokonetta.
Turvallisessa kodissa ei ole salpoja, lukkoja ja hälytyslaitteita joka puolella. Kuitenkaan murtovaras ei pääse sisään.
Viisas johtaja ei luota turhiin menetelmiin eikä käytä vippaskonsteja.

Hänen menetelmänsä on tietoisuus tapahtumien kulusta – se sopii kaikkiin tilanteisiin ja ihmisiin.
Johtajan oma tietoisuus luo avoimuuden ilmapiirin. Tasapainoinen ja omilla jaloillaan seisova johtaja on joustava ja sinnikäs.
Kun johtaja näkee selkeästi, hän pystyy myös selventämään asioita muille.

Ihmiset tarvitsevat johtajaa oppaaksi ja neuvonantajaksi. Johtaja tarvitsee ihmisiä tekemään työtä kanssaan. Hän tarvitsee ihmisiä palvellakseen heitä. Mikäli kumpikaan osapuoli ei tunnista molemminpuolisen rakkauden ja kunnioituksen tarvettaan, he eivät ymmärrä mistä kaikessa pohjimmiltaan on kysymys. Luova opettaja-oppilassuhde kadotetaan. Kukaan ei ymmärrä tapahtumien kulkua.

28. SOTURI, PARANTAJA JA TAO

Johtaja voi toimia soturin tai parantajan tavoin. Soturina johtaja toimii voimakkaasti ja päättäväisesti. Siinä ilmenee jang eli johtajuuden maskuliininen puoli.

Enimmäkseen johtaja toimii kuitenkin parantajan tavoin. Hän on avoin, vastaanottavainen ja huolehtiva. Siinä ilmenee jin eli johtajuuden feminiininen puoli.

Tämä tekemisen ja olemisen, soturin ja parantajan yhdistelmä on hedelmällinen.

Johtajuuden kolmas ulottuvuus on Tao. Ajoittain johtaja vetäytyy hiljaisuuteen.

Oleminen, tekeminen, oleminen ... sitten Tao ja hiljaisuus. Välillä meidän täytyy vetäytyä hiljaisuuteen uudistaaksemme sieluamme.

Loistava soturi ei aina hyökkää. Taitava parantaja varaa aikaa sekä itsestään että muista huolehtimiseen.

Hyvä johtaja ymmärtää tällaista yksinkertaisuutta ja voimavarojen oikeanlaista käyttöä. Sillä on syvällinen vaikutus ihmisiin.

Johtaja, joka tietää milloin kuunnella, milloin toimia ja milloin vetäytyä, voi työskennellä tehokkaasti melkein kenen kanssa tahansa – esimerkiksi erilaisten asiantuntijoiden, muiden johtajien tai vaativienkin asiakkaiden kanssa.

Koska johtajan mieli on selkeä, hän toimii hienotunteisesti eikä loukkaa ketään.

29. ÄLÄ PAKOTA

Voimankäyttö synnyttää aina vastavoiman. Jatkuva asioihin puuttuminen ja hoputtaminen ei auta mitään. Se vain pilaa ilmapiirin.

Ihmiset työskentelevät parhaiten kun heitä ohjaa hienovaraisesti. Kiistely ja väittely on turhaa.

Johtaja, joka yrittää hallita ihmisiä, ei ymmärrä tapahtumien kulkua. Hän maksaa siitä myöhemmin menettämällä ihmisten tuen.

Johtajat, jotka luulevat edistävänsä työntekoa painostamalla, itse asiassa hidastavat sitä.

He luulevat luovansa hyvän yhteishengen, kun he itse asiassa tuhoavat sen.

He luulevat, että jatkuva asioihin puuttuminen on pätevyyden mitta, vaikka tosiasiassa se on tökeröä ja epäasiallista.

He luulevat, että heidän asemansa antaa heille ehdottoman määräysvallan, vaikka tosiasiassa heitä kunnioitetaan vähemmän heidän käytöksensä vuoksi.

Viisas johtaja tiedostaa oman keskuksensa. Hän toimii niin hienovaraisesti kuin mahdollista. Johtaja ei ole itsekeskeinen; hän pitää olemista tärkeämpänä kuin tekemistä.

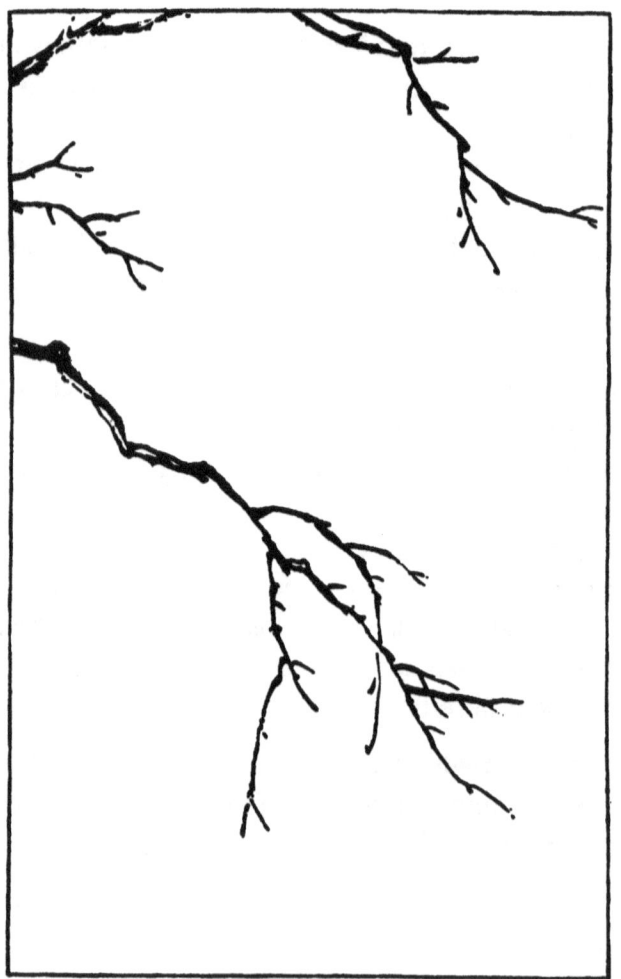

30. VOIMANKÄYTTÖ JOHTAA RISTIRIITOIHIN

Johtaja, joka ymmärtää kuinka tapahtumat etenevät, toimii mahdollisimman hienovaraisesti ja ohjaa ihmisiä painostamatta.

Voimankäyttö johtaa ristiriitoihin ja väittelyihin. Työyhteisön voimakenttä heikkenee. Ilmapiiri muuttuu vihamieliseksi sen sijaan, että se olisi avoin ja innostava.

Viisas johtaja ohjaa ihmisiä eikä yritä väkisin saada tahtoaan läpi. Johtajan ote on kevyt. Hän ei puolustaudu eikä hyökkää.

Muista, että tietoisuus, eikä itsekkyys, on sekä opetusmenetelmä että opetus itsessään.

Ihmiset asettuvat itsekeskeistä johtajaa vastaan. Epäitsekkäästi ja vakaasti johtava kasvaa henkisesti ja voimistuu.

31. VOIMAKAS ASIOIHIN PUUTTUMINEN

Toisinaan saattaa näyttää siltä, että asioihin on puututtava voimakkaasti, äkillisesti ja jopa karkeasti. Viisas johtaja tekee näin vain silloin, kun mikään muu ei auta.

Johtaja tuntee itsensä eheämmäksi kun ihmiset työskentelevät omaan tahtiinsa, kun hienovaraista tukea on enemmän kuin voimakasta asioihin puuttumista.

Voimakas asioihin puuttuminen on varoitus siitä, että johtaja on kadottanut tietoisuuden omasta keskuksestaan ja suhtautuu asioihin tunteenomaisesti. Silloin tarvitaan erityistä valppautta.

Vaikka voimakas asioihin puuttuminen tuottaisi tulosta, ei ole mitään syytä riemuun. On jo tapahtunut vahinko. Jonkun toisen työhön on puututtu.

Myöhemmin se, jonka työhön on puututtu voi sulkeutua ja asettua puolustuskannalle. Se johtaa vielä vahvempaan vastarintaan ja mahdollisesti jopa luovuttamiseen.

Se, että saat ihmiset tekemään mielesi mukaan, ei avarra tietoisuutta eikä selkeytä asioita. Vaikka ihmiset sillä kertaa tekisivätkin niin kuin sinä haluat, heidän sisällään kiehuu ja he haluavat ottaa vahingon takaisin.

Siksi näennäinen voittosi onkin todellisuudessa tappio.

32. YHTEISYYS

Taoa ei voi määritellä. Voi vain sanoa, että se on periaate, jonka mukaan kaikki tapahtuu.

Kun johtaja luottaa tähän periaatteeseen, eikä mitättömämpiin teorioihin, ihmiset luottavat häneen. Koska johtaja kiinnittää yhtä paljon huomiota kaikkeen mitä tapahtuu, työyhteisöä ei tarvitse jakaa kuppikuntiin. Kaikki ovat tasavertaisia.

Koska työskentely perustuu luonnolliseen oikeudenmukaisuuteen, ihmisiä ei tarvitse ohjailla säännöin ja määräyksin.

Vaikka Taon periaatetta ei voi määritellä, on mahdollista selittää mitä työyhteisössä tapahtuu. Puhumme hahmottamisesta, vastakohtaisuuksista, väylistä ja esteistä sekä asioihin puuttumisesta, joka joko estää tai edistää asioiden kulkua.

Liika älyllistäminen vie ihmisten huomion pois siitä, mitä juuri nyt tapahtuu. Liika pohdiskelu on yksi tapa estää asioiden etenemistä ja heikentää ryhmän voimakenttää.

Kun näin käy, viisas johtaja palaa jälleen siihen, mitä tapahtuu juuri nyt ja on tietoinen kaiken taustalla olevasta periaatteesta.

Pidemmällä tähtäimellä keskittyminen Taon periaatteeseen on kaikkein tehokkain tapa johtaa. Tässä yhteisyydessä opimme, miten kaikki toimii.

33. SISÄISET VOIMAVARAT

Ihmisten käyttäytymisen ymmärtämiseen tarvitaan älykkyyttä, mutta oman itsensä ymmärtäminen vaatii viisautta.

Ihmisten elämän ohjaamiseen tarvitaan lujuutta, mutta oman elämän hallinta kysyy todellista voimaa.

Kun olen tyytyväinen siihen mitä minulla on, pystyn elämään yksinkertaisesti ja nauttimaan sekä vauraudesta että vapaa-ajasta.

Kun tavoitteeni ovat selkeät, saavutan ne turhia kiirehtimättä.

Kun olen sovussa itseni kanssa, en tuhlaa voimiani ristiriitoihin.

Kun olen oppinut luopumaan, minun ei tarvitse pelätä kuolemaa.

34. KAIKEN KATTAVA

Taon periaate ilmenee jatkuvasti kaikkialla. Kaikki toimii sen mukaisesti. Kaikki elollinen mukautuu siihen. Tao ei hyväksy eikä hylkää.

Vaikka kaikki kasvu ja kehitys saa alkunsa Taosta, sitä ei voi käyttää oman edun tavoittelemiseen. Tao kohtelee kaikkia samanarvoisesti.

Tao ei myöskään ole kenenkään yksityisomaisuutta. Et voi omistaa sitä, eikä se omista sinua.

Taon suuruus on sen täydellisyydessä. Se on kaiken kattava.

Viisas johtaja noudattaa tätä periaatetta, eikä toimi itsekkäästi. Johtaja ei hyväksy yhtä ihmistä ja kieltäydy työskentelemästä toisen kanssa. Johtaja ei omista ihmisiä eikä hallitse heidän elämäänsä. Johtajuudessa ei ole kyse voittamisesta.

Työnteon tarkoituksena on auttaa ymmärtämään syvällisesti asioiden luonnetta. Ole epäitsekkäästi kaikkien käytettävissä vailla ennakkoluuloja.

35. YKSINKERTAISUUS ON VOIMAA

Älä anna tapahtumien tempaista sinua mukaansa. Pysy Taossa. Siten voit työskennellä hyvin, pysyä sekasorron ja ristiriitojen ulkopuolella ja tuntea olevasi läsnä joka tilanteessa.

Pinnallinen johtaja ei näe tapahtumien kulkua, vaikka se olisi ilmiselvää. Voimakkaat tunteet, kohu ja kiihtymys tempaisevat hänet mukaansa ja sokaisevat hänet.

Johtaja, joka palaa yhä uudelleen tietoisuuteen Taosta, ymmärtää syvällisesti asioiden todellisen luonteen. Tällainen johtaja on tietoinen ja selkeä. Työ sujuu joustavasti ja työn jälkeenkin johtajalla on hyvä mieli.

36. KAIKKI EI OLE SITÄ MILTÄ NÄYTTÄÄ

Kaikki toiminta sisältää vastakohtansa:
- Hyperinflaatio johtaa romahdukseen.
- Voimankäyttö on merkki epävarmuudesta.
- Nousua seuraa aina lasku.
- Jos haluat elää rikasta elämää, ole antelias.

Myös:
- Mukautuvaisuus voittaa itsepäisyyden.
- Mukautuvainen joustaa, itsepäinen pakottaa.
- Mukautuvainen voittaa joustamalla.

Lisäksi:
- Vesi hioo kiven.
- Hengen voima voittaa pakkokeinot.
- Vaatimaton voittaa mahtailevan.

Opettele näkemään asiat takaperin, ylösalaisin ja nurinpäin.

37. KESKITY OLENNAISEEN

Aluksi ihmisiä kummastuttaa kuinka vähän tehokas johtaja itse asiassa näyttää tekevän. Siitä huolimatta hän saa paljon aikaiseksi.

Viisas johtaja tietää, että juuri näin asiat sujuvat parhaiten. Tao ei tee mitään, mutta kuitenkin kaikki tulee tehdyksi.

Kun johtajasta tulee liian kiireinen, silloin hänen on aika hiljentyä.

Epäitsekkyys vahvistaa tietoisuutta.
Tietoisuus luo järjestystä.
Siellä missä vallitsee järjestys, voidaan keskittyä olennaiseen.

38. VIISAS JOHTAJUUS

Viisas johtaja on tietoinen siitä, mitä ihmisissä tapahtuu ja toimii sen mukaisesti.

Johtajan tietoisuus on tärkeämpää kuin hänen tekonsa. Siksi menestyksekästä johtamista ei voi harjoitella tietyn mallin mukaan.

Viisaalla johtajalla ei ole myöskään tarvetta näyttää mahdollisimman edustavalta.

Kolme esimerkkiä johtajuudesta:
1. Viisas johtaja on tietoinen ja reagoi välittömästi siihen mitä juuri sillä hetkellä tapahtuu.
2. Vähemmän viisas johtaja yrittää väkisin toimia oikein. Hän laskelmoi ja keinottelee luullen tietävänsä mikä on oikein ja mitä pitäisi tapahtua.
3. Ymmärtämätön johtaja on jäykkä moralisti, jolla on jyrkät käsitykset siitä, mikä on oikein ja mikä väärin. Hänen johtamistapansa perustuu pelkkään laskelmointiin ja keinotteluun. Eri mieltä olevia rangaistaan. Tällainen johtamistapa ei selkeytä asioiden todellista luonnetta ja johtaa usein vastarintaan.

Johtajat, jotka menettävät kosketuksen siihen, mitä tapahtuu juuri nyt, eivät pysty toimimaan. He yrittävät toimia tietyn kaavan mukaan, koska he luulevat sen olevan oikein.

Jos tämäkin epäonnistuu, he yrittävät väkipakolla.

Jos johtaja on vaarassa menettää kosketuksensa tähän hetkeen, hänen on parasta luopua kaikista ponnisteluista ja hiljentyä, kunnes tuntee jälleen olevansa selkeä ja tietoinen.

39. LUONNOLLISUUS VOIMAN LÄHTEENÄ

Kaikessa mikä tapahtuu omalla painollaan, luonnollisesti, on voimaa.

Tutki luonnollisia ilmiöitä, maan vetovoimaa, luonnon valoa, avaruuden äärettömyyttä, omia syvällisiä ajatuksiasi ja oivalluksiasi ja sitä, miten todella viisaat ihmiset toimivat.

Kuvittele, jos kaikki tapahtuisi sattumanvaraisesti ja luonnonvastaisesti. Taivaan valo kajastaisi hämärästi lepattaen, maan vetovoima vaihtelisi, mielesi olisi täysin sekasortoinen, avaruudessa planeetat törmäilisivät toisiinsa, elämä tuhoutuisi, viisaat ihmiset muuttuisivat arvottomiksi kuviksi. Mikään ei toimisi.

Viisas johtaja ei toimi mielivaltaisesti eikä itsekeskeisesti. Todellinen voima kumpuaa tietoisuudesta ja sen mukaisesta toiminnasta. Vapaus on mukautumista luonnon järjestykseen.

Koska luomakunta on kokonaisuus, erillisyys on harhaa. Todellinen voima syntyy yhteistyöstä, elämän rikkaus muiden huomioon ottamisesta ja syvempi tietoisuus epäitsekkyydestä.

40. MEDITAATIO

Käännä katseesi sisäänpäin.

Hiljenny. Opettele kuuntelemaan hiljaisuuden kieltä.

Pystytkö näkemään eron sen välillä mitä tapahtuu ja miten se tapahtuu.

Pystytkö oivaltamaan kaikkien tapahtumien takana olevan periaatteen?

Tapahtumien luonnollisessa kulussa ilmenee Taon periaate.

41. HÄMMENTÄVÄ VIISAUS

Viisas johtaja ymmärtää asioiden todellisen luonteen ja mukautuu siihen.

Keskinkertainen johtaja ymmärtää niin ikään asioiden luonnetta, mutta häilyy usein kahden vaiheilla: hän mukautuu hetken tapahtumien kulkuun, mutta unohtaa jälleen.

Huonot johtajat ymmärtävät kyllä jotakin asioiden luonteesta, mutta eivät toimi Taon periaatteen mukaisesti, koska pitävät sitä silkkana roskana. Juuri sen vuoksi he eivät saa paljoakaan aikaiseksi.

Heidän mielestään kaikki periaatteet, jotka eivät lisää heidän suosiotaan tai tuo heille rahaa tai valtaa, ovat hyödyttömiä. Hiljentyminen on saamattomuutta. Epäitsekkyydellä ei pääse eteenpäin. Hyveellisyys on typeryksiä varten. Ystävällisyyden osoittaminen on heikkoutta. Ja niin edespäin.

Viisaan johtajan ainoa tuki ja turva on ymmärrys asioiden todellisesta luonteesta. Ihmiset, jotka eivät ymmärrä tätä, ovatkin sitä mieltä, että viisaan johtajan toiminnalla ei ole mitään todellisuuspohjaa. Johtajan eleettömyys ja hänen koko olemuksensa häiritsee heitä. Koska ihmiset eivät ymmärrä johtajan syvempiä toimintaperiaatteita, heidän on vaikea ottaa hänestä selkoa.

Ongelma johtuu siitä, että Tao ei ole määriteltävissä. Joittenkin ihmisten mielestä siinä ei ole mitään järkeä.

Ei ole helppoa ymmärtää ihmistä, jonka olemusta ja toimintatapaa ei voi määritellä yhdellä silmäyksellä.

42. LUOVUUS SYNTYY VUOROVAIKUTUKSESTA

Tao ei ole ainetta. Kutsukaamme sitä vaikkapa ei miksikään. Taon periaate on yhtä luomakunnan kanssa. Ne ovat yhtä kokonaisuutta. Kutsukaamme tätä ykseydeksi. Luomakunta koostuu vastakohtaisuuksista. Kutsukaamme näitä vastapareja kaksinaisuudeksi. Luovuus on näiden vastakohtaisuuksien vuorovaikutusta.

Tämä vuorovaikutus on kolmas ulottuvuus. Kutsukaamme tätä kolminaisuudeksi. Esimerkiksi mies ja nainen edustavat kaksinaisuutta. Heidän vuorovaikutuksestaan syntyy lapsia. Tämä on luovuutta. Näin kaikki luovuus ilmenee.

Viisas johtaja ymmärtää vastakohtaisuuksia ja niiden vuorovaikutusta. Hän osaa olla luova.

Pystyäkseen johtamaan johtajan on opittava mukautumaan. Kukoistaakseen hänen on opeteltava elämään yksinkertaisesti. Luovuus on aina vuorovaikutusta.

Ilman luovuutta johtamisesta tulee hengetöntä. Jatkuva yritys tulla rikkaammaksi keräämällä yhä enemmän ja enemmän on kovaa työtä ja kaukana vapaudesta.

Yksipuolisuus johtaa aina odottamattomiin ja ristiriitaisiin tuloksiin. Jatkuva puolustautuminen ei suojaa vaan päinvastoin pienentää elintilaamme ja lopulta tukahduttaa meidät täysin.

Poikkeuksia näihin perinteisen viisauden lakeihin on erittäin harvassa.

43. LEMPEÄ ASIOIHIN PUUTTUMINEN

Lempeä asioihin puuttuminen, jos se tehdään selkeästi, voittaa kovankin vastustuksen.

Jos et onnistu lempeydellä, yritä joustaa tai vetäydy taka-alalle. Joustava johtaja kohtaa vähemmän vastustusta.

Yleensä johtajan tietoisuus selkeyttää asioita paljon enemmän kuin minkäänlainen asioihin puuttuminen tai selittely.

Harvat johtajat tajuavat kuinka paljon voi saada aikaan niin vähällä.

44. ISÄNTÄ VAI RENKI?

Teetkö työtäsi kasvaaksesi henkisesti vai saadaksesi siitä mainetta?

Kumpi on tärkeämpää: tavaran haaliminen vai tietoisemmaksi tuleminen?

Onko kiinni pitäminen tärkeämpää kuin luopuminen?

Omistamisesta voi koitua ongelmia, samoin jatkuvasta omistamisen halusta.

Mitä enemmän omistat ja mitä enemmän keräät, sitä enemmän sinulla on huolehdittavaa. Sitä enemmän voit menettää. Oletko silloin isäntä vai renki?

Kun luovut tavarasta, et tuhlaa elämääsi ylimääräiseen huolehtimiseen.

Hiljenny, niin löydät turvan sisimmästäsi. Silloin saat kaiken mitä tarvitset. Joka tapauksessa voit elää huolettomammin ja pidempään.

45. NAURETTAVAN YKSINKERTAISTA

Parhaat tulokset saavutetaan usein naurettavan yksinkertaisin menetelmin, varsinkin niiden mielestä, jotka eivät ole tottuneet tällaiseen johtamiseen.

Saattaa näyttää siltä, että johtaja vain istuu toimettomana eikä hänellä ole mitään käsitystä siitä, mitä pitäisi tehdä. Ihmiset kasvavat henkisesti ja toimivat tehokkaasti kuitenkin juuri sen ansiosta, että heidän työskentelyynsä ei puututa tarpeettomasti.

Joku saattaa pettyä, koska on odottanut kohtaavansa asiantuntijan, joka osaa selittää asiat sujuvasti. Kuitenkin hyvän johtajan puheet kuulostavat niin itsestäänselviltä, että hän saattaa vaikuttaa jopa naurettavan yksinkertaiselta. Hänen rehellisyytensä on suorastaan hämmentävää.

Naurettavalta näyttämisellä ei ole merkitystä. Kun meillä on kylmä, hypimme tasajalkaa, jotta lämpenisimme. Kun on liian kuuma, vältämme ylimääräistä liikkumista. Senhän sanoo järkikin.

Johtajan levollisuus rauhoittaa kiihtyneen ilmapiirin. Tietoisuus on työskentelyn perusta.

46. EI OLE VOITTAJIA EIKÄ HÄVIÄJIÄ

Hyvin ohjatussa työyhteisössä ihmiset eivät taistele keskenään. Tietenkin ristiriitoja syntyy, mutta tämä energia muuttuu luovaksi voimaksi.

Jos johtaja kadottaa näkemyksen tapahtumien kulusta, riidat ja pelot alkavat helposti pilata ilmapiiriä.

Kyse on asenteesta. Työskentelyssä ei ole kyse voittamisesta tai häviämisestä. Omien näkemysten esittäminen varmoina tosiasioina ei selkeytä tapahtumien kulkua. Oikeassa olemisen tarve sokaisee.

Viisas johtaja tietää, että on paljon tärkeämpää olla tyytyväinen siihen, mitä todella tapahtuu kuin hermoilla siitä, mitä voisi tapahtua.

47. TÄSSÄ JA NYT

Yiisas johtaja oivaltaa asioiden oikean laidan olemalla tietoinen siitä, mitä tapahtuu juuri nyt. Näin voi saada aikaan paljon enemmän kuin tekemällä mutkikkaita tulkintoja tilanteesta.

Levollisuus, selkeys ja tietoisuus johtavat tuloksiin nopeammin kuin selitysten kiihkeä etsiminen sieltä täältä.

Tällaiset mielen harharetket, olivatpa ne kuinka mielenkiintoisia tahansa, vievät sekä johtajan että työntekijöiden huomion pois siitä mitä todella tapahtuu.

Johtaja voi tehdä vähemmän ja saavuttaa enemmän olemalla läsnä ja tietoinen tapahtumien todellisesta kulusta.

48. SELKEYTÄ MIELESI

Aloittelijat ahnehtivat uusia teorioita ja menetelmiä kunnes heidän mielensä on aivan sekaisin eri vaihtoehdoista.

Pidemmälle ehtineet eivät vaivaa päätään eri vaihtoehdoilla. He antavat oppimiensa teorioiden ja menetelmien häipyä taka-alalle.

Opettele selkeyttämään mielesi. Opettele yksinkertaistamaan työskentelyäsi.

Mitä vähemmän tunnemme tarvetta tietää mitä pitäisi tehdä, sitä suoraviivaisemmin ja tehokkaammin työskentelemme. Huomaamme, että tietoisuus on tärkeämpää kuin mitkään tekniikat, teoriat tai tulkinnat.

Voimme ymmärtää kuinka paljon voimmekaan saada aikaan, kun lakkaamme yrittämästä tehdä asioita sillä ainoalla oikealla tavalla.

49. KOHTAA KAIKKI AVOIMESTI

Viisas johtaja ei tyrkytä ihmisille omia mielipiteitään tai arvomaailmaansa.

Johtaja antaa ihmisten työskennellä vapaasti ja on avoin kaikelle vastaantulevalle. Hän ei arvostele ketään ja huomioi sekä "hyvät" että "huonot" ihmiset. Silläkään ei ole oikeastaan väliä, onko joku totuudenmukainen vai ei.

Olemalla avoimia ja huomioimalla ihmiset saamme aikaan enemmän kuin arvostelemalla. Tämä johtuu siitä, että ihmisillä on luonnostaan taipumus olla vilpittömiä ja totuudenmukaisia, kun heihin suhtaudutaan vilpittömästi ja totuudenmukaisesti.

Johtaja saattaa vaikuttaa naiivilta ollessaan ennakkoluulottoman avoin. Kuitenkin avoimella asenteella yksinkertaisesti saadaan paljon enemmän aikaan kuin arvostelulla.

50. ELÄMÄ JA KUOLEMA

Olemassaolo muodostuu elämästä ja kuolemasta. Jommankumman suosiminen tarkoittaa olemassaolon kieltämistä ja synnyttää jännitystiloja. Kun ihmiset ovat jännittyneitä, he tekevät virheitä juuri tärkeällä hetkellä. Virheet saattavat olla todella tuhoisia.

Monet ihmiset rakastavat elämää ja pelkäävät kuolemaa. Osa taas rakastaa enemmän kuolemaa ja välttelee elämää. Toiset taas pelkäävät sekä elämää että kuolemaa.

Valtaosa ihmisistä kärsii jännitystiloista, jotka johtuvat siitä, etteivät he ymmärrä olemassaolon vastakohtaisuuksia. Vaikka elämä ja kuolema ovat toistensa vastakohtia, ne ovat erottamattomat. Jommankumman suosimisesta ei ole mitään hyötyä.

Vain pienellä joukolla on viisautta hyväksyä elämä ja kuolema ja yksinkertaisesti iloita olemassaolostaan. Elämä ja kuolema ovat läsnä, kaikkialla, koko ajan.

Viisas johtaja tietää, että kaikella on alkunsa ja loppunsa. Miksi siis takertua mihinkään? Miksi kantaa huolta tai pelätä jatkuvasti? Miksi elää kuvitelmissa siitä, mitä voisi tapahtua?

Verenhimoinen koira puree pelokasta ihmistä. Ihminen, joka on tietoinen ja sovussa itsensä kanssa, saa kulkea rauhassa.

Viisas johtaja ei sen enempää rakasta kuin pelkääkään kuolemaa. Tämänkaltainen vapaus suojaa häntä vaaroilta.

51. TAO JA TAPAHTUMIEN KULKU

Kaikilla teoilla on oma värähtelytasonsa ja ne syntyvät, kehittyvät ja katoavat Taon periaatteen mukaisesti.

Ihmiset tuntevat luontaista vetoa Taoon ja arvostavat kaikkea luonnollista, joka mukautuu siihen.

Taon periaatteeseen mukautuva energia ilmenee lukemattomin eri tavoin, eikä tällaisissa tapahtumissa ole häivääkään itsekkyydestä. Taon voima ei perustu pakottamiseen. Taon tiellä ei yksinkertaisesti ole vaihtoehtoja – ei ole muuta tietä.

Tämä Taon periaate on elämämme ja työmme perusta.

52. LUOMAKUNNAN KEHTO

Koko luomakunta koostuu vastakohtaisuuksista. Luomakunnan perusvastakohtaisuuksia ovat jin/jang, feminiininen/maskuliininen, positiivinen/negatiivinen.

Kaikki syntyy näistä vastavoimista, ikään kuin luomakunnan kehdosta.

Myös minä olen osa tätä jumalallista kaikkeutta. Luomakunnan kehto on minunkin kotini.

Tämä tietoisuus luo minuun tasapainoa.

Jos turvaan tavaroihin, ihmisiin tai uskomuksiin, en ole tasapainossa. Ihmiset, tavarat ja uskomukset tulevat ja menevät; ne muuttuvat kaiken aikaa. Jos turvaisin niihin, eläisin pelossa, että menettäisin tavaran, johon olen kiintynyt, tai ihmisen, jota olen palvonut tai uskomuksen, johon olen luottanut.

Niinpä luotan ainoastaan Taon periaatteeseen.

Näen Taon periaatteen ilmenevän kaikissa ihmisissä ja heidän teoissaan. Johtamistaitoni perustuu tähän.

Koska ymmärrän tapahtumien luonteen, tiedän myös miten tärkeää on olla joustava.

Tiedän myös, että kun mukaudun Taon periaatteeseen ja tapahtumien luonnolliseen kulkuun, en pelkää kuolemaa. Minulla ei ole mitään menetettävää. Tiedän että olen osa ikuisuutta. Kuoleminen on kotiin palaamista.

53. MATERIALISMI

Viisas johtaja elää rauhallista ja meditatiivista elämää. Suurin osa ihmisistä yrittää kuitenkin haalia mahdollisimman paljon kaikkea.

Hiljentyminen johtaa kohti tietoisempaa olemassaoloa. Kiireen keskellä aineelliset arvot saavat helposti yliotteen.

Tietoisuus on tie yhteyteen koko luomakunnan kanssa. Ylenmääräinen kulutus tapahtuu aina jonkun kustannuksella.

Maailman rikkaudet ovat jakautuneet epätasaisesti. Toisilla on hyvin paljon. Suurimmalla osalla ei ole juuri mitään. Elintärkeät raaka-aineet alkavat loppua. Kaikki tietävät tämän.

Kuitenkin ne, jotka jo hukkuvat tavaraan, haalivat itselleen yhä enemmän. He jopa kerskuvat sillä, kuinka paljon heillä on. Maailmassa on paljon epäoikeudenmukaisuutta.

Ylenmääräinen tavaran haaliminen ei ole Taon periaatteen mukaista, se perustuu toisten ihmisten hyväksikäyttöön.

54. HEDELMÄLLINEN VAIKUTUS

Haluatko tehdä maailmassa jotakin hyvää? Laita siis ensin oma elämäsi kuntoon. Mukaudu Taon periaatteeseen, jotta voit toimia kokonaisvaltaisesti ja hyödyllisesti. Näin saat osaksesi arvostusta ja voit todella vaikuttaa asioihin.

Käyttäytymisesi vaikuttaa muihin aaltoliikkeen tavoin. Aaltoliikkeen vaikutus perustuu siihen, että kaikki vaikuttaa kaikkeen. Tietoiset ihmiset ovat voimakkaita vaikuttajia.

Kun oma elämäsi on kunnossa, läheisesikin voivat paremmin.
Kun läheiset ihmissuhteesi ovat kunnossa, se vaikuttaa myönteisesti myös työyhteisöösi.
Kun yhteisö voi hyvin, kansakuntakin voi hyvin.
Kun maailma voi hyvin, myönteinen energia leviää koko maailmankaikkeuteen.

Muista, että sinäkin vaikutat ympäristöösi aaltoliikkeen tavoin. Varmistu siis siitä, että tuo vaikutus on rakentavaa ja luo tasapainoa.
Mistä tiedän että näin on?
Terveestä siemenestä kasvaa terve puu. Sinussakin on tämä mahdollisuus.

55. ELINVOIMA

Ihmiset, jotka ovat vapautuneet jännittyneisyydestään ja ristiriidoistaan, kokevat elinvoimansa virtaavan vapaasti.

Heissä on samankaltaista elämäniloa kuin lapsissa, eivätkä he kovin helposti loukkaa itseään. Hyönteiset eivät pistä heitä. Koirat eivät käy heidän kimppuunsa. Riidanhaastajat jättävät heidät rauhaan.

Elinvoimaiset ihmiset näyttävät rennoilta ja notkeilta, mutta heidän sitkeytensä ja voimansa on hämmästyttävää. He ovat viehättäviä ja puoleensavetäviä. He pystyvät käyttämään ääntään vapautuneesti.

He ovat ikään kuin vastarakastuneita, eivät yhteen ihmiseen, vaan koko luomakuntaan. Heidän energiansa on yhtä ylitsepursuavaa kuin koko luomakunnan energia.

Ei pidä sekoittaa levottomuutta ja hosumista korkeasta tietoisuudesta johtuvaan elinvoiman vapaaseen virtaamiseen. Keinotekoiset ärsykkeet ja voimakkaat tunteet saattavat kyllä kiihottaa mieltämme, mutta ne eivät lisää elinvoimaamme. Päinvastoin ne kuluttavat energiaamme ja uuvuttavat meitä.

Kyseessä on itse asiassa ärsykkeiden aiheuttama jännitystila. Kun ärsykkeet loppuvat tai ihminen väsähtää, mieltä kiihottava kokemus päättyy.

Tietoisuudesta kumpuava elinvoima sen sijaan virtaa aina vapaasti. Se ei kohtaa minkäänlaista vastustusta.

Niin sanottu jännittävä kokemus perustuu vain ohimeneviin mielihaluihin. Elinvoima kumpuaa siitä, mikä on ikuista.

56. LAHJOMATON JOHTAJA

Viisas johtaja tietää, että tapahtumien todellista luonnetta ei voi vangita sanoihin. Hän ei edes yritä.

Jaarittelu on eräs varma merkki siitä, että johtaja ei tunne Taon periaatetta.

Se, mitä ei voi pukea sanoiksi, voidaan kuitenkin havainnollistaa hiljentymällä, pysymällä tietoisena. Tietoisuus auttaa, se selvittää ristiriitoja ja rauhoittaa kiihtyneen mielen.

Johtaja tietää myös, että olemassaolo on yhtä kokonaisuutta. Tämän vuoksi hän on puolueeton havainnoitsija.

Johtajaa ei voi houkutella lupauksin tai uhkauksin. Raha, rakkaus tai maine – niiden saaminen tai menettäminen – ei horjuta hänen tasapainoaan.

Johtajan lahjomattomuus ei perustu kuvitelmiin. Se perustuu selkeään ymmärrykseen tapahtumien todellisesta luonteesta.

57. VÄHEMMÄN TEKOJA, ENEMMÄN TIETOISUUTTA

Kannusta ihmisiä rehellisyyteen ja avoimuuteen. Johtajan tehtävä on helpottaa asioiden kulkua ja valaista tilanteen todellista luonnetta. Hän puuttuu asioihin mahdollisimman harvoin. Asioihin puuttuminen luo riippuvaisuutta johtajaan, tehdäänpä se kuinka taitavasti tahansa.

Mitä vähemmän määräyksiä, sen parempi. Määräykset rajoittavat vapautta ja vastuunottoa. Niiden avulla yritetään pakottaa ja hallita. Spontaanisuus vähenee ja energiaa kuluu turhaan.

Mitä enemmän johtaja käyttää pakkokeinoja, sitä vastahakoisempia ihmiset ovat. Yritys pakottaa ihmiset toimimaan mielesi mukaan johtaa vastarintaan. Kaikki lait luovat lainsuojattomia.

Viisas johtaja luo työnteolle selkeän ja eheän ilmapiirin. Tietoisuus auttaa ihmisiä toimimaan luonnostaan selkeästi ja eheästi.

Kun johtaja arvostaa hiljaisuutta, se antaa kaikille työrauhan. Kun johtaja ei tyrkytä määräyksiään, ihmiset löytävät omat vahvuutensa. Kun johtaja toimii epäitsekkäästi, työryhmä tekee sen mitä pitääkin.

Hyvä johtaminen tarkoittaa vähemmän tekoja, enemmän tietoisuutta.

58. TAPAHTUMIEN LUONNOLLINEN KULKU

Kun ihmiset saavat kehittyä ja työskennellä rauhassa, he löytävät luonnollisesti omat ratkaisunsa.

Työyhteisö säätelee itse itseään. Älä turhaan puutu asioiden kulkuun.

Yritykset hallita tapahtumien luonnollista kehitystä epäonnistuvat useimmiten. Ne joko estävät tapahtumien oikeaa kulkua tai tekevät siitä sekavan.

Opettele luottamaan. Anna hiljaisuuden kasvaa; siitä kehittyy jotakin. Anna myrskyn raivota; se tyyntyy ennen pitkää.

Ovatko ihmiset tyytymättömiä? Et voi tehdä heitä onnellisiksi. Vaikka pystyisitkin, saatat riistää heiltä luomisen tuskan.

Viisas johtaja osaa edistää tapahtumien luonnollista kulkua, koska myös hän itse muuttuu jatkuvasti. Taon periaate säätelee johtajan ja ryhmän toimia ja muuttumista.

Johtaja tietää, miten hän voi vaikuttaa syvällisesti ilman pakkokeinoja.

Omalla esimerkillään johtaja vaikuttaa syvällisemmin kuin käskyillä ja määräyksillä. Tasapuolisuuteen perustuva johtaminen on tehokkaampaa kuin ennakkoluuloihin perustuva. Johtajasta säteilevä elinvoima kannustaa ihmisiä; se ei jätä ketään varjoonsa.

59. VOIMASI ON TIETOISUUDESSA

Tarvitset tietoisuutta niin johtamisessa kuin päivittäisissä askareissasikin. Sinun täytyy olla tietoinen tapahtumien luonnollisesta kulusta. Jos ymmärrät tämän, voit toimia tietoisuudestasi käsin. Voit edetä esteettä ja olet elinvoimainen ja aikaansaava.

Muista, että myös sinä olet osa tapahtumien luonnollista kulkua. Tietoisuus tapahtumista tarkoittaa myös tietoisuutta itsestäsi. Elämäsi kehittyy saman periaatteen mukaisesti kuin kaikki muukin. Juuresi ovat luomakunnan yhteisessä perustassa.

Se, että itsekin olet osa tapahtumien luonnollista kulkua, tarkoittaa, että olet tavallinen. Sen sijaan tietoisuutesi siitä on epätavallista. Sinun ainutkertaisuutesi, voimasi ja kestävyytesi kumpuavat tietoisuudestasi olemassaolon luonteesta ja mukautumisestasi siihen.

Voimasi on tietoisuudessa. Ole yhä tietoisempi.

60. ÄLÄ PAINOSTA

Johda ihmisiä hienovaraisesti. Luota siihen, että hiljaa hyvä tulee.
Anna työskentelyn edetä mahdollisimman luonnollisesti. Vastusta kiusausta ottaa esille aiheita tai nostattaa tunteita, jotka eivät ilmaannu itsestään.

Turha painostaminen saattaa nostattaa tunteita ja jännitteitä, jotka kuuluvat toisille ihmisille tai toiseen tilanteeseen. Ne voivat ilmentää määrittelemätöntä tai sekasortoista energiaa, jonka painostuksesi saa suuntautumaan aivan sattumanvaraisesti.

Nämä voimat ovat todellisia ja niitä esiintyy ihmisten välisessä kanssakäymisessä. Älä yritä saada niitä väkisin esiin. Anna niiden ilmetä ajallaan.

Kun pinnan alla kytevät tunteet nousevat esiin luonnollisesti, ne myös häipyvät luonnollisesti. Ne eivät ole vahingollisia. Itse asiassa ne eivät eroa muista ajatuksista tai tunteista.

Kaikki energia syntyy, kehittyy, muuttaa muotoaan ja lopulta häviää luonnollisella tavalla.

61. VASTAANOTTAVAISUUS

Ei pidä luulla, että hyvä johtaja on muiden yläpuolella. Päinvastoin kuin yleensä luullaan, todellinen johtajuus kumpuaa vastaanottavaisuudesta ja palvelemisen taidosta.

Kuvittele, että elämän voima on kuin mereen virtaava joki. Meri, jokea mahtavampana, on sen alapuolella, avoimena ja vastaanottavaisena. Nopeasti virtaava, polveileva joki laskee mereen ja sulautuu siihen.

Tai kuvittele, että johtaja on naisen kaltainen, avoin ja vastaanottavainen. Työntekijä on aktiivinen ja täynnä touhua. Viisas johtaja pystyy ottamaan vastaan tällaisen maskuliinisenkin energian ja muuntamaan sen harmoniaksi ja luovuudeksi.

Johtaja myötäilee ihmisten energioita. Ihmisten energia hallitsee ja ohjaa ja johtaja mukautuu siihen. Vähitellen tämä muuttaa ihmisten tietoisuutta ja laukaisee ylimääräisiä jännitystiloja.

Suhde on kummallekin tärkeä. Johtajan tehtävä on olla tietoinen ihmisten työskentelystä ja elämäntilanteesta. Ihmiset tarvitsevat huomiota ja oikeanlaista arvostusta.

Kaikki ovat tyytyväisiä, jos johtajalla on viisautta palvella, mukautua ja olla avoin.

62. TIETOINEN TAI EI

Ihmisen ei tarvitse kuulua mihinkään ryhmään tai olla viisas johtaja saadakseen asiat ratkaistua. Elämä kuljettaa aina oikeaan suuntaan. Ristiriidat ratkeavat ennemmin tai myöhemmin, olipa ihminen tietoinen tapahtumien kulusta tai ei.

On totta, että kun ihminen on tietoinen Taon periaatteesta, hänen sanoissaan ja teoissaan on enemmän voimaa.

Mutta ihmiset kehittyvät vaikka eivät olisikaan niin tietoisia. Tietoisuuden puute ei ole mikään häpeä. Johtajan tietoisuus tapahtumien luonteesta tekee hänestä pätevämmän ja vahvemman kuin mitkään arvonimet tai tutkinnot.

Siksipä ihmiset kaikkina aikoina ja kaikissa kulttuureissa ovat kunnioittaneet niitä, jotka ovat tietoisia Taon periaatteesta.

63. TILANTEIDEN KOHTAAMINEN

Yiisas johtaja tietää kuinka toimitaan tehokkaasti. Pystyäksesi toimimaan tehokkaasti sinun on oltava tietoinen ja puolueeton. Mikäli olet tietoinen, tiedät mitä tapahtuu juuri nyt, etkä toimi hätäisesti. Mikäli olet puolueeton, pystyt suhtautumaan tilanteisiin rauhallisesti ja tasapainoisesti.

Suhtaudu kunnioittavasti kaikkiin kohtaamiisi ihmisiin ja tilanteisiin. Älä ohita yhtään kohtaamista epäolennaisena. Älä pelkää joutua ymmällesi tai hämillesi.

Mikäli sinua vastaan hyökätään tai sinua arvostellaan, suhtaudu tilanteeseen rauhallisesti ja selkeästi. Kyse on oman keskuksensa tuntemisesta ja sen tiedostamisesta, että jokainen haaste on lahja eikä uhka itsetunnollesi tai olemassaolollesi. Ole rehellinen.

Mikäli olet tietoinen tapahtumien kulusta, tunnistat hälyttävät tilanteet hyvissä ajoin ennen kuin ne ovat riistäytyneet käsistä. Olipa tilanne muodostunut kuinka monimutkaiseksi tahansa, se on saanut alkunsa jostain hyvin yksinkertaisesta.

Älä sen enempää välttele yhteenottoja kuin hakeudukaan niihin. Ole avoin ja jos yhteenotto syntyy, toimi, kun pystyt vielä käsittelemään tilannetta. Ei ole mikään ansio vitkastella niin kauan että tarvitaan ihmetekoja asioiden selvittämiseksi. Tällä tavoin vaikeatkin tilanteet muuttuvat yksinkertaisiksi.

Mikäli et ole kerskaillut kyvyilläsi tai yrittänyt saada ihmisiä olemaan sellaisia kuin itse haluat, hyvin harvat haluavat ryhtyä kiistelemään kanssasi.

64. TIETOISENA ALUSTA ASTI

Opettele tunnistamaan tapahtumien alku. Alussa tapahtumia on suhteellisen vaivatonta ohjata. Mahdolliset vaikeudet voidaan välttää helpommin. Suurin vaara on siinä, että häiritsee tapahtumien luonnollista kehitystä käyttämällä liikaa voimaa.

Viisas johtaja näkee tapahtumien kulun oikeastaan jo etukäteen. Vahva puu kasvaa hennosta taimesta. Suuri rakennushanke alkaa lapion iskusta maahan. Pitkäkin matka alkaa yhdestä askeleesta.

Kun tapahtuma on täydessä vauhdissa, pysyttele mahdollisimman paljon taka-alalla. Tarpeeton asioihin puuttuminen vain sekoittaa ja häiritsee tapahtumien kulkua. Kiinnitä erityisesti huomiota siihen, että et yritä saada mitään tapahtumaan ennalta määritellyn suunnitelman mukaisesti.

Monet johtajat pilaavat työn juuri kun se on valmistumaisillaan. He innostuvat liikaa. He odottavat jotain tiettyä lopputulosta. Heistä tulee malttamattomia ja he tekevät virheitä. Juuri silloin vaaditaan varovaisuutta ja tietoisuutta. Älä yritä liikaa. Älä tyrkytä apuasi. Älä ajattele saatko tunnustusta tai palkkion teoistasi.

Koska viisaalla johtajalla ei ole odotuksia, mitään lopputulosta ei voi kutsua epäonnistumiseksi. Kun johtaja on tietoinen tapahtumien kulusta, antaa niiden kehittyä luonnollisesti omalla painollaan ja pysyttelee itse enimmäkseen taka-alalla, on lopputuloskin mieleinen.

65. TEORIA JA KÄYTÄNTÖ

Viisaan johtajan esikuvat eivät suosineet mutkikkaita teorioita. He harjoittivat ja opettivat elämäntapaa, joka perustui tietoisuuteen ja viisauteen.

Ihmisillä, jotka näkevät maailman teoreettisesti, on usein hyvin mutkikas näkemys tapahtumien kulusta. Heidän on vaikea olla selkeitä. Heidän kanssaan on raskasta tehdä työtä.

Mikäli opetat ihmisiä selittämällä asiat monimutkaisesti, sekoitat heidän mielensä. He yrittävät muistaa ulkoa asioita ja heillä on mielipide joka asiaan.

Mutta jos yhä uudelleen palaat Taon periaatteeseen, selkeytät tilannetta.

Jos osaat erottaa toisistaan teorian ja käytännön, säästyt paljolta vaivalta.

Harjoita sellaista elämäntapaa, joka ilmentää sopusointua Taon kanssa. Kun mukaudut Taon periaatteeseen, olet sopusoinnussa luomakunnan kanssa.

海

66. AVOIMUUS

Miksi valtameret ovat niin suuria? Siksi, että ne ovat kaikkia virtoja ja jokia alempana ottaen ne avosylin vastaan.

Johtajuus on pääasiassa sitä, että tietää, miten myötäillä tapahtumia. Viisas johtaja pysyttelee taka-alalla. Johtajan suurimmat teot jäävät enimmäkseen huomaamatta. Koska johtaja ei painosta eikä yritä muokata tilannetta mieleisekseen, häntä ei vältellä eikä vastusteta.

Ihmiset arvostavat vilpittömästi johtajaa, joka helpottaa heidän elämäänsä eikä yritä tyrkyttää omia ohjeitaan. Koska johtaja on avoin, mitä tahansa asiaa voidaan käsitellä. Koska johtaja ei puolustele mitään, eikä suosi ketään, kukaan ei tunne itseään syrjityksi. Kukaan ei halua riidellä.

67. KOLME TÄRKEÄÄ OMINAISUUTTA

Vaikka Taon periaate on suurenmoinen, ne jotka mukautuvat siihen tietävät olevansa tavallisia. Itsensä korottaminen ei tee ihmisestä parempaa. Luomakunnan yhteisyydessä on enemmän voimaa kuin erikoisuuden tavoittelussa ja eristäytymisessä.

Seuraavat ominaisuudet ovat korvaamattomia johtajalle:

o Myötätunto kaikkea elollista kohtaan.
o Oikea asenne vaurauteen ja arkipäivän elämään.
o Tasavertaisuuden ymmärtäminen.

Myötätuntoinen ihminen toimii kaiken elollisen hyväksi. Oikea asenne vaurauteen ja arkipäivän elämään luo halun antaa. Tasavertaisuus on todellista ylevyyttä.

Ihminen, joka on kiinnostunut vain itsestään, ei välitä muista eikä ole rohkea. On turha puolustella jatkuvaa kulutusta sillä, että se työllistää ihmisiä. Ihminen, joka käyttäytyy ylimielisesti tai asettaa itsensä muiden yläpuolelle, ei ole todella parempi ihminen.

Tämä on itsekeskeistä käyttäytymistä ja eristää ihmisen luomakunnan yhteydestä. Se jäykistää ja tappaa.

Myötätunto, jakaminen ja tasavertaisuus pitävät yllä elämää. Olemmehan kaikki yhtä. Kun minä välitän sinusta, edistän omalta osaltani kaikkeuden tasapainoa. Sellaista elämä on.

68. ELÄMÄ ON MAHDOLLISUUS

Kehittyneimmissä kamppailulajeissa käytetään pehmeimpiä menetelmiä. Ne myötäilevät vastustajan liikkeitä.

Mahtavimmat kenraalit eivät ryntää suinpäin jokaiseen taisteluun. He antavat viholliselle tilaisuuden tehdä kohtalokkaan erehdyksen.

Suurimmat hallitsijat eivät saavuta tuloksia asettamalla rajoituksia. He luovat mahdollisuuksia.

Hyvä johtajuus on ihmisten motivoimista parhaisiin suorituksiin luomalla heille mahdollisuuksia, ei asettamalla heille velvollisuuksia.

Näin tapahtumat kulkevat omalla painollaan. Elämä on mahdollisuus, ei velvollisuus.

69. TIETOISUUS VOITTAA

Mikäli joku haluaa taistella kanssasi, toimi sissipäällikön tavoin.

Älä koskaan hakeudu taisteluun. Jos se osuu tiellesi, jousta, peräydy. On parempi ottaa askel taaksepäin kuin mennä liian pitkälle.

Vahvuutesi on tietoisuus tapahtumien kulusta. Tietoisuuden valo on ainut aseesi.

Etene vasta sitten kun et kohtaa vastarintaa. Älä takerru onnistumiseesi. Jos voitat, ole myötätuntoinen.

Ihminen, joka ryhtyy hyökkäykseen, on epätasapainoinen ja helposti kukistettavissa.

Suhtaudu tästä huolimatta kunnioituksella jokaiseen vastustajaan. Älä koskaan luovu myötätunnosta äläkä käytä taitojasi vahingoittaaksesi ketään tarpeettomasti.

Muista, että tietoisuus voittaa aina.

70. EI MITÄÄN UUTTA AURINGON ALLA

Taon periaatteen mukaista elämäntapaa ja johtamistyyliä on helppo ymmärtää. Sitä on helppo toteuttaa.

Kuitenkaan monet johtajat eivät ymmärrä tällaista lähestymistapaa. Hyvin harvat käyttävät sitä työssään.

Toden totta, se on aivan liian yksinkertaista ja iätöntä ollakseen suosittua. Yleensä viimeisin uutuus herättää suurimman kohun. Johtaja, joka mukautuu Taon periaatteeseen, ei tee mitään uutta tai omaperäistä.

Viisaalla johtajalla ei juurikaan ole ymmärtäjiä, jotka oivaltavat, että perinteinen viisaus on aarre. Se on usein kätkeytynyt tavanomaisen ulkomuodon taakse.

71. LOPETA TEESKENTELY

Kukaan ei ole kaikkitietävä. On paljon parempi olla tietoinen siitä, ettei tiedä kaikkea kuin luulla tietävänsä paljon vaikkei tiedäkään.

Asiantuntijaksi tekeytyminen on suorastaan sairaalloista. Kun oireet on tunnistettu, parannuskeino on onneksi helppo. Lopeta teeskentely. Jokainen johtaja on luultavasti teeskennellyt tällä tavoin kerran jos toisenkin.

Viisas johtaja tietää, kuinka kiperään tilanteeseen hän voi saattaa itsensä teeskentelemällä. Viisas johtaja haluaa välttää tällaisia tilanteita, eikä ryhdy teeskentelemään.

On helpottavaa pystyä sanomaan: "En tiedä".

72. HENKISYYDEN TÄRKEYS

Henkisten arvojen on oltava osa ihmisten kanssa työskentelyä. Näin on oltava etenkin silloin, jos halutaan käsitellä myös kipeitä ihmisyyden peruskysymyksiä. Ilman tietoisuutta ahdistus jää käsittelemättä; epämääräinen paha olo jatkuu.

Ole valmis puhumaan henkisyydestä, vaikka jotkut eivät siitä pitäisikään. Älä pelkää tuoda esille henkisiä arvoja. Muista, että niillä on juurensa ikiaikaisessa viisaudessa.

Viisas johtaja arvostaa henkisyyttä ja tietoisuutta ja elää sen mukaisesti. On olemassa tietoisuuden taso, joka on järjen yläpuolella. Se on korkeampaa tietoisuutta.

Johtajan olemuksesta huokuu epäitsekästä voimaa ja arvostusta koko luomakuntaa kohtaan.

73. VAPAUS JA VASTUU

Kuvittele, että on olemassa kahdenlaista rohkeutta. Toinen on näennäistä rohkeutta, joka tuhoaa ja tappaa. Toinen on sisäistä rohkeutta, joka suojelee elämää.
Kumpi näistä on parempi?
Kukaan ei pysty vastaamaan siihen puolestasi. Kummallakin on etunsa ja haittansa. Tao ei suosi kumpaakaan.
Pidä mielessäsi, että Tao on luonnon laki, se miten kaikki tapahtuu. Mutta muista että se miten kaikki tapahtuu, ei tarkoita samaa kuin miten asioiden pitäisi olla. Kukaan ei voi sanoa sinulle mitä sinun pitäisi tehdä. Se on sinun vapautesi ja vastuusi.
Sen sijaan, että kyselisit neuvoja, tule tietoisemmaksi tapahtumien todellisesta luonteesta. Sen jälkeen pystyt näkemään itse, mistä milloinkin on kysymys. Voit päättää itse miten toimit.
Tao ei määrää, miten meidän pitäisi käyttäytyä. Ihmiset vastaavat itse teoistaan, mutta heidän tekonsa noudattavat Taon periaatetta.
Tämä periaate pätee kaikkeen. Kaikki tapahtumat suurimmasta kokonaisuudesta pienimpään yksityiskohtaan noudattavat Taon periaatetta.
Kukaan ei voi päättää puolestasi, miten sinun milloinkin tulisi käyttäytyä. Se on sinun asiasi.

74. TUOMITSEMINEN

Johtajan tehtävä ei ole tuomita eikä rangaista ihmisiä "huonosta" käytöksestä. Ensinnäkään rankaisemisella ei saavuteta mitään.

Vaikka rangaistuksesta olisikin joskus ollut apua, vain harvinaisen huono johtaja rohkenee käyttää pelkoa aseenaan. Viisas johtaja tietää, että jokaisella teolla on seurauksensa. Hänen tehtävänään on selvittää, mitä toiminnasta seuraa, ei puuttua itse toimintaan.

Mikäli johtaja yrittää määräillä asioiden luonnollista kulkua ja toimia tuomarina, se johtaa parhaimmillaankin vain vääristyneeseen tapahtumien kulkuun.

Loppujen lopuksi tällainen johtaja huomaa, että tuomitseminen on kaksiteräinen miekka. Rankaisemiseen ja pakottamiseen perustuva johtaminen johtaa aina huonoihin tuloksiin.

75. AHNEUDEN YLÄPUOLELLA

Työnteko ei suju, jos johtaja nappaa itselleen kunnian tehdystä työstä.

Ihmiset asettuvat vastarintaan, jos johtaja pakottaa asiat tapahtumaan tietyn kaavan mukaisesti.

Ihmisistä tulee umpimielisiä ja yhteistyöhaluttomia, jos johtaja on arvosteleva ja karkea.

Viisas johtaja ei ole ahne eikä itsekeskeinen. Hän ei määräile eikä puolustele itseään. Sen tähden ihmiset voivat luottaa siihen, että johtaja antaa kaiken tapahtua omalla painollaan.

76. JOUSTAVA VAI JÄYKKÄ?

Syntyessään ihminen on notkea ja pehmeä. Kuollessaan hän muuttuu kovaksi ja kankeaksi.

Tarkastele kasveja ja puita. Kasvukautenaan ne ovat pehmeitä ja taipuisia, mutta kun ne tulevat täysikasvuisiksi ja alkavat kuihtua, niistä tulee sitkeitä ja kuivia.

Täysikasvuinen puu hakataan polttopuuksi.

Jäykkä johtaja saattaa pystyä toimimaan toistuvissa ja kaavamaisissa tilanteissa, mutta hän ei pysty käsittelemään nopeasti muuttuvia tilanteita ja eläviä ihmisiä.

Kaikella joustavalla ja notkealla on taipumus kasvaa. Kaikki kova ja kankea näivettyy ja kuolee.

77. LUONNON KIERTOKULKU

Luonnollisilla tapahtumilla on oma kiertokulkunsa. Ne muuttuvat alati äärimmäisyydestä toiseen.
Ajatellaanpa vaikka jousta ja nuolta. Jousen jännittyessä sen päät tulevat lähemmäksi toisiaan. Kaaren ja jänteen väli suurenee ja jänne kiristyy.
Kun jousiampuja ampuu nuolen ja jännite laukeaa, kaikki tapahtuu päinvastoin.
Luonnon lain mukaisesti jännite laukeaa, tyhjä tila täyttyy, ylimääräinen vähenee.
Yhteiskunta, joka perustuu materialismiin ja luonnon riistämiseen, toimii luonnon kiertokulun vastaisesti. Jos asiat ovat hyvin, niiden täytyy olla vielä paremmin. Täydellinen tyydytys näyttää olevan tärkeintä. Samanaikaisesti ne, joilla on vähän, saavat vielä vähemmän.
Viisas johtaja noudattaa luonnon lakia, eikä mukaudu kulutusyhteiskunnan vaatimuksiin.
Palvelemalla muita ja olemalla antelias johtaja saa kaiken tarvitsemansa. Olemalla epäitsekäs johtaja auttaa muita toteuttamaan itseään. Kun johtaja on puolueeton neuvonantaja eikä kaipaa kehuja eikä palkkioita, hänestä tulee vahva ja hän menestyy.
Koska johtajan toiminta perustuu vastakohtien ja tapahtumien kiertokulun ymmärtämiseen, hän onnistuu työssään.
Tällainen toiminta saattaa ensi näkemältä näyttää ristiriitaiselta.

78. VAHVA JA PEHMEÄ

Vesi on juoksevaa ja pehmeää. Se mukautuu. Kuitenkin vesi muovaa kovaakin kiveä.

Kaikki, mikä on virtaavaa, pehmeää ja mukautuvaa, voittaa sen mikä on kankeaa ja kovaa.

Tämä on luonnon laki.

Viisas johtaja tietää, että joustamalla voittaa vastustuksen ja lempeydellä sulattaa kovuuden.

Johtaja ei taistele ihmisiä vastaan. Hän on mukautuvainen, vastaanottavainen ja rento. Johtajan täytyy sietää paljon solvauksia. Jos johtaja ei ole veden kaltainen, hän murtuu helposti. Kyky mukautua tekee johtajasta todellisen johtajan.

Yksi elämän ihmeistä on se, että joustavuus onkin vahvuutta.

79. VETÄYDY TAITAVASTI

Mikäli joudut väittelyyn jonkun kanssa ja tilanne ei kehity siten kuin itse haluaisit, älä teeskentele antavasi periksi samalla kun kätket todelliset tunteesi.
Vetäydy tilanteesta taitavasti. Muista että tehtäväsi on helpottaa tapahtumien kulkua.
Sinun ei tarvitse olla oikeassa eikä voittaa. Sinun ei myöskään tarvitse löytää heikkouksia toisista ihmisistä. Sinun ei tarvitse tuntea itseäsi vähäpätöiseksi jos joku toinen on oikeassa.
Sinun tehtäväsi on helpottaa tapahtumien kulkua, kävipä sinun itsesi miten tahansa.
Koska olemme kaikki yhtä meidän ei tarvitse olla minkään puolesta eikä mitään vastaan. Kun kaikki tarvittava on sanottu ja tehty, viisas johtaja tietää, että kaikki on tapahtunut Taon periaatteen mukaisesti.

80. YKSINKERTAINEN ELÄMÄ

Jos haluat olla vapaa, opettele elämään yksinkertaisesti. Ole tyytyväinen nykyisiin olosuhteisiisi ja siihen mitä sinulla on. Älä yritä ratkaista ongelmiasi vaihtamalla asuinpaikkaasi, kumppaniasi tai työtäsi.

Käytä autoasi vain silloin kun se on välttämätöntä. Mikäli sinulla on ase, hävitä se. Älä ole tietokoneesi orja – muista että paperi ja kynäkin ovat olemassa. Klassikot ovat usein parempia kuin uutuuskirjat.

Suosi paikallisesti viljeltyä ruokaa. Käytä yksinkertaisia, kestäviä vaatteita. Hanki asunto, jossa elämisesi on helppoa ja yksinkertaista. Varaa kalenteriisi vapaata aikaa.

Vaali henkistä kasvuasi ja kunnioita läheistesi tarpeita.

Tietenkin maailma on aina täynnä uutuuksia ja jännitystä. Jokainen päivä on tulvillaan uusia mahdollisuuksia.

Entä sitten?

81. PALKKIO

On tärkeämpää kertoa karu totuus, kuin sanoa jotain vain sen vuoksi, että se kuulostaa hyvältä. Ihmisiin ei tarvitse yrittää vaikuttaa hienoin sanankääntein.

On tärkeämpää toimia yhteiseksi hyväksi kuin voittaa väittelyissä. Työyhteisö ei ole keskustelukerho. On tärkeämpää toimia viisaasti tässä hetkessä kuin selitellä kaikki asiat teoreettisin käsittein. Kyseessä ei ole mikään lopputukinto.

Viisas johtaja ei kerää sulkia hattuunsa. Hän auttaa muita onnistumaan. Menestyksen jakaminen muiden kanssa moninkertaistaa sen. Koko luomakunnan perustana oleva Taon periaate opettaa meille, että todellinen hyöty koituu kaikkien hyväksi eikä se vahingoita ketään.

Viisas johtaja tietää, että työ palkitsee tekijänsä.

SHUNRYU SUZUKI:
ZEN-MIELI, ALOITTELIJAN MIELI

Suzukin opetukset perustuvat hyvin laajasti zen-buddhalaisuuden perinteeseen, mutta hän ottaa esimerkkinsä elävästä elämästä ja sen tavanomaisista tapahtumista. Kirja kertoo zenin perusolemuksesta, oikeasta harjoitusasennosta, hengityksestä, mielen tyhjyydestä, valaistumisesta... Zen-harjoituksessa tarvitaan aloittelijan mieltä, zen-mieltä. Se on avoimuutta, kykyä nähdä asiat aina uusina ja tuoreina. Zen-mielen tarkoituksena on saattaa sinut takaisin omaan itseesi. (Sid. 128 sivua)

OSHO:
ZEN – PERIMMÄINEN TOTUUS

"Olet olemassa vain sen vuoksi, että sinulla on jatkuvasti sellainen tunne, että jotakin on aivan kulman takana, mutta silti et saa siitä otetta; se näyttää olevan aivan lähelläsi, mutta silti ulottumattomissasi. Siemenestä puuksi ei ole pitkä matka. Jos siemen löytää oikean maaperän, jos se putoaa oikeanlaiseen maaperään, antautuu maalle ja katoaa siihen, sulautuu siihen, silloin puun syntyminen ei ole kovin kaukana. Zen ei ole kiinnostunut opinkappaleista. Zenin pyrkimyksenä on auttaa sinua löytämään oma olemuksesi." (Sid. 96 sivua)

PETER KELDER:
VIISI TIIBETILÄISTÄ MENETELMÄÄ

Suomennos Peter Kelderin alkuperäisteoksesta! Kelderin "Viisi Tiibetiläistä" on ollut vuosikymmenien ajan maailmanlaajuinen menestysteos. Kirjassa kuvatut viisi tiibetiläistä menetelmää on tunnettu jo tuhansien vuosien ajan Himalajan luostareissa, joissa munkit ovat harjoittaneet niitä elinvoimansa ylläpitämiseksi ja henkisen kasvunsa tukena. Liikkeet edistävät elämänenergian virtaamista kehossa ja elävöittävät kehon toimintoja. Harjoittamalla liikkeitä säännöllisesti voidaan hidastaa vanhenemista ja palauttaa menetetty elinvoima. (Sid. 72 sivua)

OSHO:
MEDITAATIO
– AINOA TIE VAPAUTEEN

Meditaatio koetaan usein länsimaiselle ajattelulle vieraaksi. Tämä kirja auttaa ymmärtämään paremmin, mistä meditaatiossa on todella kysymys. Teos sisältää noin 60 erilaista meditaatiota, mm. Oshon kehittämät meditaatiomenetelmät, jotka on tarkoitettu erityisesti nykyihmiselle. Kirja on tähän asti laajin Suomessa ilmestynyt käytännön opas meditaatiomenetelmistä ja se soveltuu oppaaksi jokaiselle, joka on kiinnostunut sisäisestä kasvusta ja oman tietoisuutensa kehittämisestä. (Sid. 304 sivua)

Unio  Mystica

UUDEN AJAN KIRJA- JA MUSIIKKIKAUPPA

Laaja valikoima kirjoja
Astrologia ✧ Tarot ✧ Meditaatio ✧ Psykologia ✧ Filosofia
Rajatieto ✧ Homeopatia ✧ Vaihtoehtoiset hoidot jne.

Musiikki
Kattava valikoima rauhallista meditatiivista rentoutusmusiikkia
Luonnonääniä ✧ Shamanistista musiikkia ✧ Rentoutuskasetteja
Suggestopedista musiikkia jne.

Erikoistuotteet
Laaja valikoima erilaisia tarotkortteja ✧ Kristalleja ✧ Korukiviä
Kiinalaisia Taj-ji palloja ✧ New Age -postikortteja jne.

Astrologiapalvelut
Tähtikartat ✧ Luonnehoroskoopit ✧ Spirituaaliset horoskoopit
Karmahoroskoopit ✧ Ennustushoroskoopit
Suhdehoroskoopit ✧ Transiitit
Liz Greenen psykologiset horoskoopit jne.

UNIO MYSTICA
PI 186, 00121 Helsinki
Myymälät:
- Yrjönkatu 8 (ark. 10 – 18 la 11–14)
- Iso Roobertinkatu 1 (ark. 12 – 17 la sulj.)
Puh 09-680 1657 • Fax 09-605 164
Sähköposti: UM.tilaus@sci.fi
Internet: http://www.sci.fi/~uniomyst

www.ingramcontent.com/pod-product-compliance
Lightning Source LLC
Chambersburg PA
CBHW030240170426
43202CB00007B/72